우리는
왜 할일을
미루는
걸까

우리는
왜 할일을
미루는
걸까

'미루는 나'를
위한
새로운 솔루션

사이먼
메이
지음

박다솜
옮김

문학동네

1부

회피하고 또 회피하는 인생

1 우리는 어째서 가장 중요한 일을 미루는 걸까 **011**

2 일에 대한 숭배 **031**

3 자율성에 대한 숭배 **045**

2부

바닥난 동기를 높이는 일곱 가지 비결

4 잃을 게 너무 많으면, 줄인다 **063**

5 언젠가는 죽는다는 걸 기억한다 **093**

6 놀이 정신을 사수한다 **109**

7 후회의 힘을 활용한다 **125**

8 권태가 우리를 구원한다 **144**

9 완전한 충족이라는 신기루에 저항한다 **162**

10 주의력을 기른다 **186**

결론 미루기는 어떻게 축복이 되는가 **205**

감사의 말 **223**

주 **225**

미루기는 시간의 도적이다.
한 해 한 해 훔친다.
에드워드 영, 『밤의 상념』

내가 시간을 허비하였으니 이제는 시간이 나를 허비하는구나.
윌리엄 셰익스피어, 『리처드 2세』

저에게 정절과 절제를 내려주소서. 지금 말고 나중에 말입니다.
아우구스티누스, 『고백록』

일러두기

1. 이 책은 아래의 원서를 한국어로 완역한 것이다.
   Simon May, *JUMP!: A New Philosophy for Conquering Procrastination*, 2025, Basic Books.
2. 원서의 주는 모두 미주로 표기했고, 옮긴이주는 본문에 따로 표기했다.
3. 원서에서 이탤릭으로 강조한 부분은 고딕으로 표기했다.
4. 단행본, 잡지는 『 』로, 시, 단편, 논문은 「 」로, 미술작품, 음악작품, 영화, 방송 프로그램 등은 〈 〉로 표기했다.
5. 외국어 표기는 국립국어원의 표기법을 따르되, 관습으로 굳어진 경우에는 관례를 존중했다.

1부

회피하고
또 회피하는
인생

1

우리는 어째서 가장 중요한 일을 미루는 걸까

언젠가는 철저히 준비하여 기회를 잡을 날이 올 거라고 확신하며, 습관처럼 진짜 인생을 나중으로 미루고 있지 않은가? 가장 생산성 높은 시간은 잡무나 하찮은 일을 하는 데 허비해버리고, 정작 가장 중요한 일은 그다음으로 미루고 있지 않은가? 자신에게 해로운 선택이라는 걸 알면서도, 소중한 목표를 제쳐두고 더 쉽고 즐거운 활동에 전념하고 있지 않은가?

미루기가 일상인 많은 사람들이 이 질문에 주저 없이 그렇다고 대답할 것이다. 그와 더불어 이런저런 기억이 떠오를지도 모르겠다. 언젠가는 진정으로 사랑하는 사람을 만날 거라고 스스로를 달래면서, 우리에게 맞지 않는 상대와 연애를 하고 심지어 결혼까지 했던 나날. 진심으로 갈망하는 직업은 따로 있는데 이직을 나중으로 미뤄둔 채 전혀 맞지 않는 일을 하며 보낸 세월. 지금처럼 살다간 건강을 해칠 걸 알면서도 생활 습관을 바꾸지 않고 버틴 시간.

그렇게 우리는 잃어버린 시간과, 허투루 사용한 에너지와, 영영 돌아오지 않을 기회들을 애도하며 살아간다. 하지만 우리를 가장 괴롭게 하는 건 따로 있다. 바로 우리가 처음부터 자신이 진짜로 무엇을 원하는지 분명히 알면서도 막연한 미래로 미루고 회피했다는 사실이다. 우리는 순간의 욕구에 굴복하여 덜 힘든 다른 일로 도망쳤다. 우리를 기다리고 있던 성공과 성취를 손수 망쳐버렸다. 자신의 능력을 시험받고 자신의 부족함을 직면하는 게 싫어서 마냥 회피했다.

이 어찌나 비합리적인 행동인가. 그러나 우리는 스스로에게 해롭다는 걸 뻔히 알면서도 미루기를 멈추지 않는다. 더 중요한 일을 할 시간은 나중에도 충분할 거라는 착각에 빠진다. 조금만 더 미루면 일이 한결 수월해질 거라는 근거 없는 믿음을 품는다. 조금만 더 쉬면서 기분 전환을 하고 나면 중요한 일을 시작할 의욕이 솟아날 거라는 자기기만에 넘어간다. 나 또한 이런 망상에 무척이나 친숙하다.

이쯤에서 우리에게 위안을 주는 사실을 밝히겠다. 우리가 일을 미루는 건, 게을러서가 아니다. 우리는 시간을 낭비하는 정체 상태를 괴로워하고, 가장 소중한 목표를 향해 몇 번이고 거듭 되돌아오며, 목표를 나중으로 미룰 때는 생산적이거나 적어도 즐거운 다른 활동을 찾아 나선다. 이 모든 게 우리가 나태해서 미루는 건 아니라는 증거다. 우리의 진짜 문제는, 스스로 동기를 꺾어버렸다는 것, 우리가 스스로 가장 큰 가치를 부여하고 가장 절실히 원하는 것을 회피한다는 것이다.

나태함과 게으름이란 행동하려는 의지 자체가 보류되거나, 꺾이거나, 아예 존재하지 않아서 아무런 행동도 하지 않음을 일컫는다. 시인 T. S. 엘리엇의 기막힌 표현을 빌리자면, "어디에도 집중하지 못하고 팽창한 무기력"이라 부를 법한 상태다.[1] 그러나 미루는 사람들에게는 이와 대조되는 완고한 야망이 있다. 말하자면 그들은 치열한 의지로 단단히 묶인 매듭에 가깝다.

나태함과 미루기에는 또다른 중요한 차이가 있다. 일반적으로 나태함은 일종의 생활방식으로서, 고대 로마를 비롯한 몇몇 문화에서는 고귀한 신분에만 허락된 여유의 상징이자 보란듯 귀족적 생활을 과시하는 특권이었다. 하지만 미루기는 개인이 선택할 수 있는 생활방식으로 여겨지지 않는다. 미루기를 최고의 인생을 사는 비법이나, 팔자 나쁜 사람들은 마냥 동경할 수밖에 없는 지위의 상징이라고 생각하는 사람이 있을까?

미루기에서는 여가나 돌체 파르 니엔테dolce far niente, 즉 현재 상태에 머무르는 즐거움에 깃든 무위의 달콤함에서 발견되는 아름다움과 우아함을 찾기 어렵다. 그렇게 근사한 것들은 목표나 성취에 연연하지 않고, 미래의 안녕에 대한 걱정 없이 살아가는 삶에나 존재한다. 그러나 미루는 사람들은 이와는 정반대로 자신이 지닌 목표와 그 목표를 이루지 못했다는 현실을 의식하고 고통받는다. 우리는 미래의 안녕을 진심으로 걱정한다. 걱정하는 걸로는 부족해서, 계획한다. 우리에게 닥칠 결과가 너무나도 불안하다. 그 불안감을 달래기 위해 우리는 언젠가는 우리가 해야 할 일을 해내고 잘 살게 될 거라며 막연하고도 과장된 확신을 가진다.

그날이 오기까지 우리가 그저 아무것도 하지 않는 것은 아니다. 오히려 우리는 중요한 일에서 도망치겠다는 일념으로 평소에는 관심도 없었던 별의별 일에 몰두한다. 하염없이 인터넷 서핑을 하거나, 동일한 사건에 대한 뉴스를 이것저것 계속 읽거나, 주방을 청소하는 등 보통 때라면 지루하거나 피곤하게 여겼을 일들만 회피 활동에 해당하는 건 아니다. 미루기 위해 하는 회피 활동은 사소한 것으로 인식되기 쉽지만 꼭 그런 것만은 아니다. 우리는 중요한 일을 회피하기 위해 격무를 떠맡고, 힘든 직업을 가지는가 하면, 심지어 진지한 관계를 지속하거나 오랜 결혼생활을 해내기까지 한다. 그 안에는 나름의 기쁨과 흥미와 안정감이 깃들기도 한다. 하지만 그럼에도 우리는 회피용으로 선택한 대상을 결코 진심으로 사랑하지 못한다. 오히려 원망을 품고 사도바울이 했다고 전해지는 말을 자기 자신에게 그대로 들려줄 뿐이다. "나는 도리어 해서는 안 된다고 생각하는 일을 하고 있습니다."[2]

어떤 경우에 미루는 사람들은 회피 활동에 너무나 열정적이고 탁월하고 근면하게 임하므로, 그들을 칭찬하는 사람들은 물론이요 심지어 본인조차도 (적어도 한동안은) 자신이 그토록 노력하는 게 실은 가장 소중하게 여기는 일을 피하려는 깊은 충동 때문이라는 사실을 깨닫지 못한다. 그들이 중요한 일을 회피하려다가 이뤄낸 성과가 어떤 이들에게는 평생의 꿈일 수도 있고, 많은 이에게 찬사를 받을 만한 위업일 수도 있다.

이처럼 성공적인 미루기는 우리의 삶을 통째로 장악해버리기도 한다. 그렇게 우리는 우리가 생각하는 자신의 정수이자 우리가 진정 되고 싶어하는 존재의 핵심에 있는 중요한 일을 회피하는 상태로 몇 년을 보낼 수도 있다. 낭만적 연애를 간절히 바라지만 막상 기회가 오면 외면해버린다. 마음속엔 굳건한 소명을 품고 있지만 만족스럽지 않을 게 뻔한 일자리들을 '잠시만' 전전하느라 이를 뒤로 제쳐둔다. 새로운 도시나 나라로 이주하기를 언제나 꿈꾸면서도 마냥 미루고만 있다. 전원생활을 동경하지만 끊임없이 분주하게 활동하면서 회피해버린다. 이렇듯 성공한 '회피 인생'은 쉽게 알아보기 어려울 뿐, 그 자체로 미루기의 강력한 형태다. 우리는 회피용 인생에 지나치게 열중한 나머지, 종국에는 그 안에 갇히고 만다.

우리 어머니의 친구 한 분은 도예를 자신의 제일가는 소중한 소명으로 여기고 있었다. 그런데 엉뚱하게도 직업으로는 성형외과 의사를 선택했다. 돈과 번듯한 생활, 높은 지위를 향해 딛고 올라갈 수 있는 탄탄한 전문직이라는 사다리에 이끌린 것이다. 성형외과 의사에게는 홀로 외로이 작업하는 도예가와는 비할 바 없는 안정이 보장된다. 그분은 이십 년 동안 성형외과 의사로 일하면서 진짜 인생을 준비하고 그후에는 반드시 본래 자신의 소명을 따르겠다고 스스로에게 약속했다. 우선 성공해서 자리를 잡은 뒤 도예를 다시 시작한다는 계획이었다.

계획은 완벽하게 실현되었다. 그분은 업계 최고의 권위자가 되었고, 대학병원 원장 자리에 올랐으며, 최고 훈장까지 받았다. 그렇게 의사의 길을 걷는 내내 그분은 진정한 소명을 잠시 미뤄두고 있을 뿐이라고 생각했다.

결과적으로 그분은 자신과의 약속을 영원히 미루지는 않았다. 도예 공부를 처음 시작하고 반세기가 지난 어느 날, 원장직을 은퇴한 뒤 도예로 돌아간 것이다. 그분은 이팔청춘 학생들과 교실에 나란히 앉아 공부를 했고, 매우 충만한 노년을 보냈다. 하지만 한편으로는 도예가로서 자신의 잠재력을 완전히 펼칠 시간이 부족하다는 아쉬움을 떨칠 수 없었다.

내가 만났던 어떤 변호사는 어린 시절부터 예술가가 되기를 간절히 꿈꾸었다. 자신이 어떤 예술을 하고 싶은지도 정확히 알고 있었다. 결국 그는 사십대에 이르러 명망 높은 로펌의 파트너 변호사 직위를 그만두었다. 중년에 접어들면서 전보다 빠르게 흘러가는 시간을 체감하고 행동에 나선 것이다. 그는 자신이 중요하게 여기는 모든 일에 세심한 전략을 적용하는 사람이었다. 이번에도 마찬가지로 그는 자신이 밟아나갈 단계를 하나하나 철두철미하게 계획하고 각 단계별로 할애할 시간을 정한 뒤, 착실하게 실행에 옮겼다. 사 년 동안 미술학교에서 수학하면서 그는 기쁘게도 자신만의 고유한 스타일을 구축했다. 이어서 더할 나위 없이 이상적인 작업실을 임대하고, 최고의 조명과 재료, 장비를 갖춘 뒤 구상중이던 여러 작품 중 무엇부터 착수할지 결정했다. 그러는 동안 평론가, 갤러리 관계자, 동료 예술가들과 폭넓은 인맥도 쌓아두었다. 그런데 이 모든 준비를 마친 뒤, 그는 정작 마지막 한 걸음을 끝끝내 내딛지 못했다. 그는 작품을 시작하지 못했다. 언제든 작품을 시작할 수 있는 상태에서 영영 벗어나지 못한 것이다.

진정한 소명을 따르기 전 임시로 택한 직업에서 정상에 오른 성형외과 의사와 변호사의 사례는 우리에게 무엇을 보여주는가? 회피하기 위해 선택한 활동이 대단히 큰 보람과 명예, 경제적 안정과 같은 보상을 제공할 경우, 우리는 진정한 자아와 유리되어 살고 있다는 내면의 갈등을 느끼면서도 수십 년 동안—심지어 충분한 보상을 받은 뒤에도—그 일을 지속할 수 있다. 요컨대 미루는 삶은 겉보기엔 상당히 그럴듯할 수 있다.

그렇다고 해서 어떤 일을 미룬 자리를 언제나 회피 활동이 대신 채우는 것은 아니다. 기독교의 교부로 추앙받는 철학자 아우구스티누스(기원후 354~430)는 『고백록』에서 젊은 시절 신에게 "저에게 정절과 절제(즉, 자기통제)를 내려주소서. 지금 말고 나중에 말입니다"[3]라고 기도했던 일을 회상하며, 나약한 의지를 한탄한다. 여기서 문제는 그가 신에게 헌신하는 삶에 요구되는 엄격한 자기통제를 피하기 위해 감각적 쾌락을 추구했다는 점이 아니다. 문제의 핵심은, 그가 순수한 쾌락을 얻기 위해 '욕망' 자체를 탐닉했다는 것이었다. 아우구스티누스는 욕망을 "억누르기보다는 충족시키는 쪽을 더 선호했다"라고 솔직하게 인정한다. 그는 "다른 어떤 대안보다도", 심지어 신을 따르는 것보다도 "욕망을 더 원했다". 심지어 그는 신에게 직접 이렇게 고백한다. "저의 기도를 너무 빨리 들어주실까봐, 저의 욕망이라는 병을 너무 빨리 치유해버리실까봐 두려웠습니다."

이것이 미루기의 교묘한 속임수이자 미루기를 조장하는 핵심 요인이다. 우리는 뭔가를 미루면서 어디까지나 일시적으로 미루는 것뿐이라고 믿는다. 장기적으로 보면 지금 잠깐 미룬다고 해서 중요한 걸 잃는 건 아니라고 믿는다. 아직 가지 않은 길은 여전히 열려 있다고 자신에게 말한다. 지금 미루는 것이 무엇이든, 나중에 얼마든지 손에 넣을 수 있을 거라고 생각한다. 아우구스티누스도 마찬가지였다. 그는 자신이 소망하는 대로 인생을 바꾸는 건 내일로 미뤄도 된다고 생각했다. 신에게 거듭 기도한 대로 성적 탐닉을 끊고 정절과 절제의 삶을 살아가는 건 내일부터 시작해도 된다고 믿었다. 아우구스티누스에게 이런 변화는 살면서 내리는 수많은 선택 중 하나가 아니라 그가 생각하는 최상의 목표, 즉 진정한 기독교적 삶에 도달하기 위해 반드시 필요한 일이었다. 그럼에도 그는 변화를 미루는 데 따르는 실질적 대가가 감당할 만한 수준일 거라고 스스로를 설득한 듯하다. 내일 하든 모레 하든, 별 차이는 없을 거라고 믿은 것이다.

뒤늦게 도예가의 길을 걸은 성형외과 의사, 끝내 예술가가 되지 못한 변호사, 그리고 "지금 말고 나중에" 정절과 절제를 달라고 기도했던 아우구스티누스. 이런 미루기의 대가들에게, 여러 책에서 미루기를 극복하는 비결로 소개된 방법들이 과연 쓸모가 있었을까? 설령 그들이 올리버 버크먼의 탁월한 저서 『4000주』[4]에서 제안한 것처럼 한 번에 하나의 큰 프로젝트에만 집중하고 "실패해도 되는 일을 미리 정해두는" 방법을 택했다 하더라도, 그로써 자신의 진정한 소명을 추구할 수 있었을 것 같지는 않다. 칼 뉴포트의 저서 『슬로우 워크』[5]의 요점인 "더 적게 일하고, 자기만의 속도를 유지하며, 일의 퀄리티를 중시하는" 방법도 그들에게 해법이 되었을 성싶지는 않다. 해야 할 일을 각각 덜 부담스러운 작은 단계로 나누고, 단계마다 마감을 정하고, (일명 포모도로Pomodoro 기법에 따라) 이십오분 일한 후 짧은 휴식을 취하고, 매일 할일 목록을 갱신하고, 여가시간을 충분히 확보한 다음…… 해야 할 일을 그냥 해버리라고? 이게 그들에게 도움이 되었을 리 없다.

위에서 소개한 미루기의 대가 세 사람은 자신에게 가장 중요한 삶의 목표가 무엇인지 모르지 않았다. 그들에겐 명확한 목표가 있었고, 그 목표가 잠깐이나마 흔들리는 일도 없었다. (이것이 바로 우리가 잘 살지 못하게 만드는 미루기의 본질이다. 미루는 사람은 자신이 진정으로 원하는 것을 피해다니며, 자신이 되고 싶은 바로 그 모습을 의식적으로 멀리한다. 그러한 행동이 최고의 삶을 사는 데 방해가 된다는 걸 정확히 알면서도 말이다.) 더군다나 큰 성공을 거둔 성형외과 의사와 촉망받던 변호사는 어떤 프로젝트나 할 일에 하나씩 집중한다는 원칙을 지켰다. 일의 퀄리티를 중시했지만, 완벽주의에 발목을 잡히지는 않았다. 그들은 언젠가 자신의 진정한 꿈을 이뤄내기 위해 체계적인 전략을 세웠다. 해야 할 일을 세분화하여 목록으로 만들었고, 마감을 정했고, 시간을 철저히 관리하며 계획을 실행했다. 그 모든 것을 해냈음에도 그들은 마지막까지 자신의 꿈을 미뤘다.

미루기에 대한 일반적인 해법은 우리가 꼭 해야 하지만 우선순위를 정할 때 중요히 여기지는 않는 일들을 처리할 때 효과가 있다. 이런 경우 문제의 본질은 동기가 망가진 게 아니라, 그냥 동기부여가 잘되지 않는 것이다. 일반적인 미루기의 해결책은 세금 신고, 가스 안전 점검받기, 사무실 청소 같은 잡무처럼 진정한 자아와는 상관없고 따분한 일거리를 진전시키는 데 특히 효과적이다. 이런 일들은 우리가 삶을 살아가는 게 아니라 관리한다고 느끼게 하므로 애초에 열의를 가지기가 거의 불가능하다. 우리는 보통 이런 일들을 더이상 미뤘다가는 결과가 심각해질 때까지 최대한 미루다가 어쩔 수 없이 처리한다. 아이러니하게도, 이런 일들은 진짜 중요한 일을 미루기 위한 회피 활동으로 활용되기도 한다. 그런 경우에는 우선순위를 정리하고 시간을 더 잘 관리하는 것이, 요컨대 세간에서 말하는 대로 "더 열심히가 아니라 더 영리하게" 일하는 방식이 가장 효과를 발휘할 것이다.

그러나 우리가 미루는 데에는 단순히 우선과제가 잘 정리되지 않았거나 시간 관리 능력이 부족하다는 것뿐 아니라 더 근본적인 원인들도 있다. 그러니 혼란스러울 만큼 다양한 원인 가운데 무엇이 자신에게 해당하는지 잘 판단해야 한다. 우리가 무언가를 미루는 이유 중 하나는, 우리에게 그 일이 아주 소중해서 너무 부담스럽고 많은 노력을 기울여야 하기 때문이다. 앞서 살펴본 예술가 지망생과 도예가가 이런 경우에 해당한다. 무언가를 미루는 이유는 그 밖에도 많다. 우리는 어떤 일이 중요하다고 판단하고선 지나치게 높은 기준을 설정한다. 그리고 자신이 그 기준을 충족하지 못할 것이라 지레짐작한 다음, 뒤따를 실망과 굴욕을 피하고자 실행을 마냥 미룬다. 또는 어떤 일을 잘해내는 것이 자존심을 지키고 남에게 인정받는 방법이라고 의미를 부여하는 바람에 지나친 부담을 느끼기도 한다. 또는 아직 감정적으로 준비되지 않았거나, 필요한 기술과 명확한 목표를 갖추지 못한 상태에서 너무 일찍 어떤 일에 착수해버린다. 또는 간절히 원하는 어떤 일이 실제로 일어나면 우리가 바라마지않는 깊은 만족감은커녕 공허감만 느낄지도 모른다고 두려워한다. 그 일을 현실로 실현하기보다는 차라리 신비롭고 매력적인 미실현 상태로 남겨두는 편이 낫다고 생각하는 것이다.[6] 또는 우리가 노력해서 어떤 목표를 이루든 결국 안정적인 만족감이 아니라 허무함만 남을까봐 겁을 낸다. 얄궂게도, 우리가 진심으로 원하는 일을 하면서 느끼게 될 기쁨과 성취감을 피하기 위해 도망치는 경우도 있다. 그 일을 실행함으로써 우리는 필연적으로 다른 선택지를 배제하게 되며, 그 과정에서 자신이 피할 수 없는 죽음을 향해 나아가고 있다는 현실을 기이하게도 더 확실하게 깨닫기 때문이다. 좀더 일반화해 말하자면, 죽음 앞에서 우리의 모든 노력이 무의미해진다는 생각은 우리의 동기를 치명적으로 부러뜨릴 수 있다. 어쩌면 우리는 자기 자신을 정의하는 게 두려운 나머지, 스스로에게 실체가 된다는 묘한 공포를 회피하기 위해 진정한 자신의 모습으로부터 도망치는지도 모른다. 마지막으로 우리는 어떤 어렵고 도전적인 과업을 지속하는 데 필요한 주의력을 갖추지 못해서 미룰 수도 있다.

이 책의 2부에서는 미루기의 여러 원인을 탐구하고, 미루기를 극복할 방법을 제안할 것이다. 지금은 일단 미루기를 조장하는 우리의 두려움을 정면으로 마주하고, 우리가 가장 소중하게 여기는 것을 추구하려는 내재적 동기를 지켜내야 한다는 점만 기억해두자. 우리의 의지를 무너뜨리는 가장 강력한 적은 두려움이다. 우리가 두려워하는 대상은 실패일 수도 있지만,

성공일 수도 있다. 사실 우리가 정말 해야 할 일을 대체하는 회피 활동이 그토록 매력적인 까닭은 두려움과 리스크(라고 우리가 여기는 것)에서 비교적 자유롭기 때문이다. 또한 회피 활동이 앞서 소개한 변호사와 성형외과 의사의 사례처럼 우리에게 자부심, 사회적 지위, 권력, 안락한 삶을 쟁취하는 지름길을 보여주기 때문이기도 하다.

지금까지의 논의를 요약하자면, 이 책에서 집중하고 있는 핵심 질문은 다음과 같다. 어떻게 하면 인생에서 가장 중요한 일들을 미루지 않을 수 있을까? 어떻게 하면 현재의 우리 자신과 미래에 우리가 되고 싶은 자신을 정의한다고 여기는 목표들, 우리의 삶을 목적과 의미와 기쁨으로 채워줄 것이라 믿는 목표들, 천성과 경험이 우리의 안에 강렬하게 새겨넣은 목표들, 우리가 언젠가는 이루리라 열망하는 그 목표들을 미루지 않을 수 있을까?

우리가 열렬히 갈망하는 일과 간절히 바라는 삶을 회피하고, 거부하며, 심지어 망쳐놓게 만드는 미루기라는 고통스러운 행위에 대해, 나는 기존의 해법들과는 완전히 다른 접근법이 필요하다고 주장하려 한다. 내가 생각하기에 미루기의 진정한 해결책은 우리의 발목을 잡는 두려움과 지루한 일상, 행동을 마비시키는 사고방식으로부터 우리의 동기를 해방시키는 것이다. 이를 논의하는 과정에서 나는 사람들이 자신에게 가장 좋은 길을 외면하는 이유가 무엇인지 인류가 오래도록 고민해온 흔적을 들여다볼 것이다. 알고 보면 미루기라는 문제는 최초의 문자 기록이 시작된 먼 과거까지 거슬러올라간다. 기원전 1400년경의 이집트 상형문에는 이렇게 적혀 있다. "친구여, 제때 집에 돌아갈 수 있도록 일을 미루지 말자." 기원전 800년경에 쓰인 그리스 시인 헤시오도스의 서사시 「일과 날」에는 이런 경고가 나온다. "네 일을 내일과 모레로 미루지 마라. 게으른 일꾼은 창고를 채우지 못한다."[7] 그러나 이 책에서 다룰 역사적 인물들은 대부분 그보다 후대의 사상가들로, 기원전 5세기와 4세기의 철학자인 고대 그리스의 플라톤과 아리스토텔레스, 4세기 이집트 사막의 수도사들, 13세기의 중세 기독교 신학자 토마스 아퀴나스, 16세기의 종교 개혁가 마르틴 루터, 18세기의 재치 있는 박식가 새뮤얼 존슨 등이다. '미루기procrastination'라는 영어 단어 자체는 비교적 최근인 16세기에 만들어졌다. 그러나 수천 년 전부터 인류는 우리가 어째서 자신에게 해롭다는 걸 알면서도 궁극적인 목표를 미루는지에 의문을 품었고, 시대마다 다른 해석과 각양각색의 해법을 내놓았다.

이렇듯 역사 속에서 등장했던 미루기에 대한 해석에는 넓게 보아 두 가지 입장이 있다. 두 입장은 서로 뚜렷하게 구분되며, 적어도 강조점 면에서 확연히 다르다. 한쪽 입장은 우리가 오늘날 '미루기'라고 부르는 현상을 윤리적 결함으로 진단하는 반면 다른 쪽 입장은 의학적·생물학적 문제로 진단한다. 이 책에서는 둘 중 주로 윤리적 진단에 초점을 맞출 터인데, 이런 관점에서 미루기는 자신이 살아가는 방식에 대해 자기비난과 후회, 죄의식을 동반한 권태를 불러일으키는 주된 원인이다. 우리가 응당 살아야 하는 방식으로 살 수 있는데 그러지 못했으니 도덕적으로 실패했으며 그럼으로써 자신과 타인에게 져야 할 의무와 책임을 저버렸다는 뚜렷한 감각을 안겨주기도 한다. 반면 미루기를 의학적·생물학적 문제로 진단하는 관점에서는 미루기가 그렇게 심하게 비난받을 만한 일이 아니라 우리의 몸, 마음, 영혼의 어떤 성질이나 우리가 겪은 힘든 경험들로 인해 발생하는 결과로 여겨진다. 게다가 이러한 문제들, 하다못해 그중 일부는 우리 힘으로 책임지거나 통제할 수 없는 것들이다. 그러니 당연히 두 입장에서는 인간의 의지를 다르게 이해했고 그에 따라 미루는 행동에 대해서도 다르게 해석했다.

플라톤과 아리스토텔레스를 비롯한 그리스 철학자들은 미루기를 윤리적 결함으로 보는 입장이었다. 그들에게 미루기는 우리가 자신에게 무엇이 가장 좋은 것인지를 잘 판단해놓고선 그에 반하는 행동을 하는 의지박약의 산물이었다. 플라톤의 관점에서 미루는 사람에게 결핍된 능력은 '이성'이다. 이성이 제대로 기능한다면, 우리가 궁극적으로 자신에게 이득이 아니라는 걸 알면서 미루는 행동을 선택하는 경우는 결코 없으리라고 본 것이다.

12세기 철학자 토마스 아퀴나스의 사상으로 대표되는 중세

기독교의 영향력 있는 전통에서는, 미루기라는 병폐가 인간이 추구할 수 있는 최고의 영적 선인 신으로부터 멀어지게 만드는 억압적이고 죄스러운 슬픔이라고 해석했다. 이 슬픔으로 인해 개인은 사랑이 결여된 상태에 놓이며, 정신적 무기력에 빠진다. 그리고 올바른 삶의 길로 나아가야 한다는 것을 알면서도 숫제 노력을 포기하게 된다.

또다른 사상에서는 우리가 미루는 건 인내심이 부족해서 나중에 더 큰 보상을 받을 수 있음에도 눈앞의 작은 보상을 선택했기 때문이라고 본다. 달리 말하면, 우리가 노력과 고통을 수반하는 중요한 과제들을 뒤로 미루는 것은 쉽게 얻어지는 즐거움에 지나치게 빠져 있어서라는 논리다.

근대에 들어 18세기부터 인간을 구원해주는 신에 대한 믿음이 약해지면서, 자신의 삶을 충실히 살아내지 못하는 것은 종종 인생이 짧고 덧없다는 사실을 인식하지 못하는 근시안적인 태도가 낳은 실패로 진단되곤 했다. 이러한 삶의 태도는 죽음 이후에 펼쳐질 영원한 삶에 대한 믿음, 즉 사후세계에서는 아무런 노력도 방해도 없이 축복을 누릴 수 있으며 이 세상에서 이루지 못한 모든 것을 훨씬 더 크게 보상받을 것이라는 믿음과 함께 나타났다. 그 탓에 미루기는 우리가 지금 살아가는 삶이 단 한 번뿐이라는 사실과 삶의 기회와 시간이 언제 끝날지 알 수 없다는 현실을 무심하게 혹은 반항적으로 외면하려는 태도로 비치기도 했다.

그러나 미루기를 의학적이거나 생물학적인 차원의 문제로 여길 때 미루기를 이해하는 방식은 완전히 달라진다. 이런 관점에서 미루기는 신체적 오작동, 타고난 성향, 기능 손상 등에서 기인하는 무기력이나 우울증으로 여겨진다. 예를 들어 서너 가지 기본 체액의 상대적인 비율이 건강 상태와 질병을 좌우한다고 여겼던 힌두교와 그리스·로마의 '체액' 이론에서 이런 진단을 찾아볼 수 있다. 이 책에서는 미루기를 의학적으로 진단하는 관점은 다루지 않을 것이지만, 미루기에 대한 이러한 설명 또한 서양에서 고대부터 19세기까지 이천 년 이상 지속되었으니 역사가 길다.[8]

기원전 100년에서 기원후 100년 사이에 집필된 『차라카 삼히타』와 같은 힌두 의학서에서는 미루기의 원인이 명료함·빛과 관련된 체액(사트바sattva)과 에너지·열정과 관련된 체액(라자스rajas)에 비해 무기력함·관성과 관련된 체액(타마스tamas)이 과도하기 때문이라고 진단했다.[9] 기원전 5세기에 히포크라테스(기원전 460~375 추정)에 의해 시작되고 2세기 철학자이자 의사인 갈레노스(129~216 추정)에 의해 체계화된 그리스 전통에서도 힌두교와 놀랄 만큼 비슷하게 오늘날 우리가 미루기라고 부르는 현상은 흑담즙이 다른 세 가지 체액(황담즙, 혈액, 점액)에 비해 과도한 탓이라고 보았다. 이 이론에서 네 종류의 체액은 각각 특정한 기질이나 감정 상태와 연결되며, 오늘날까지도 우리가 사용하는 단어에 그 흔적이 남아 있다. 황담즙은 '담즙질(성마른

choleric)’ 기질을, 혈액은 ‘다혈질sanguine’ 기질을, 흑담즙은 ‘우울한melancholia’ 기질을, 점액은 ‘점액질(침착한phlegmatic)’ 기질을 만든다고 여겨졌다. 불안감, 집중력 부족, 한 가지 일을 하다가 짜증이 나면 다른 일로 회피하는 경향 등의 증상을 보이는 사람의 체액은 흑담즙이 지배적이라는 진단을 받았다.

과거에는 미루기의 원인을 점성학에서 찾기도 했다. 점성학 연구가 유독 활발했던 14세기에서 16세기 사이 이탈리아 르네상스 시대에는 사람이 태어난 순간 행성들이 놓인 상대적 위치가 그 사람의 에너지 수준과 재능을 비롯해 삶과 운명을 결정하는 다양한 내적 요소들을 정한다고 주장했다. 예를 들어 태어날 때 토성의 영향을 받은 사람들은 무기력과 피로, 우울함에 취약하다고 보았는데, 오늘날까지도 이런 특성들은 ‘토성적(음울한saturnine)’ 기질이라고 불린다.[10]

19세기 이후 유럽에서 정신분석학을 비롯한 심리과학이 발전하면서 미루기에 대한 다양한 설명이 탄생했다. 예를 들자면 학대, 타인에게 사랑받지 못하거나 인정받지 못한 경험, 실재하거나 이상 속에 존재했던 사랑의 대상을 잃는 것과 같은 불우한 유년기 경험에서 비롯한 우울증이나 불안이 미루기의 원인이라는 이론이 생겨났다. 이 책에서는 이런 설명에 대해서는 간략히 언급하는 정도로만 다룰 것이다. 이후 과학이 발달하면서 미루기의 원인 목록에는 주의력결핍장애ADD, ADHD, 만성피로면역기능장애 증후군, 근육통성 뇌척수염ME, 어떤 일을 나중에 하는 편이 지금 하는 것보다 덜 힘들 거라고 생각하는 인지적 편향, 그리고 이와 관련해 우리의 충동이 훗날의 더 큰 보상보다 당장의 더 작은 보상을 추구한다는 행동경제학자 조지 에인슬리의 이론 등이 추가되었다. 한편 신경과학에서는 미루기의 문제를 뇌의 특정 부위들 사이에 존재하는 불균형이나 갈등에서 기인한다고 설명한다. 구체적으로는 충동적이고 쾌락을 추구하는 변연계와 계획하고 계산하는 전전두엽 사이의 대립이나, 세로토닌과 같은 신경전달물질의 결핍으로 발생한다고 해석한다.

생물학과 의학 분야에서 찾아낸 이런 다양한 설명에는 한 가지 공통된 특징이 있다. 미루는 습관이 개인이 통제할 수 있는 범위 내에 있다고 여겨지는 생활방식이나 사고방식—예를 들어 부실한 식단이나 잘못된 자세, 과도한 정신적·육체적 소모, 스트레스가 심한 직업, 지나친 걱정—으로 악화될 수 있다고 보긴 하지만, 윤리적 관점의 설명에 비해 개인을 비난하고 죄책감과 책임을 지우는 경향이 덜하다는 점이다.

미루기에 대한 윤리적 이해와 의학적·생물학적 이해는 둘 다 서구 근대 초기보다 훨씬 이른 16세기에 본격적으로 시작되었다. 그뒤 미루기를 유발하는 전례없이 새로운 원인 두 가지가 등장하여 우리가 살아가는 오늘날까지 극단으로 치달았고, 그 덕에 인간이 최선의 판단을 거슬러 행동한다는 해묵은 문제는 완전히 새로운 국면으로 접어들었다. 이 두 가지 원인은 바로 '일'과 '자율성'이라는 이상이다. 이 둘은 단순한 이상이라기보다 숭배 대상에 가깝다. 우리 시대가 미루기의 황금기가 된 데에는 개인용 전자기기와 온라인 미디어가 만들어낸 새로운 차원의 산만함도 중요한 역할을 했지만, 일에 대한 숭배와 자율성에 대한 숭배가 더 결정적이었다. 그러니 이제는 이 두 이상을 파헤쳐볼 때다.

2
일에 대한 숭배

일에 대한 숭배가 어쩌다가 미루기를 조장하게 되었을까? 문자 그대로만 보아서는 모순적이라는 생각이 든다. 일에 가치를 부여하는 것은, 일을 미루려는 충동을 극복하기 위한 비결이 아니던가? 일은 우리의 삶에 목적과 존엄을 부여하는 열쇠가 아니던가? 일이란 재능과 추진력, 창의성처럼 우리가 생각하는 우리 자신을 표현하는 수단이자 세상에 우리의 흔적을 남기는 방식이며, 그런 의미에서 우리 자신과 주변 사람들에게 우리의 가치를 보여주고 개성을 입증하는 데 필수적인 것이 아니던가?

어느 한편으로 일에 대한 숭배는 분명히 위의 모든 것을 의미한다. 일은 놀라운 창의성을 촉발했고, 개인의 자유와 기회를 크게 확장했으며, 전례 없는 자기발견과 자기창조를 가능하게 했다. 일은 지난 이백 년 동안 과학과 예술, 생산성과 기술이 폭발적으로 발전하는 데 중심적인 역할을 했다. 지금도 이러한 일의 순기능은 계속되고 있다.

그러나 다른 한편으로 산업화된 서구 국가에 널리 퍼진 일 숭배 문화는 많은 사람들을 로봇 같은 생산성 기계로 만들었다. 우리는 쉬지 못하는 성과의 노예로 전락했다. 우리의 정체성은 끊임없이 이어지는 성취에 의존하게 되었고, 우리의 자부심과 타인이 나를 존중하는 마음은 우리의 이력서에 위태롭게 기대고 있다.

그리하여 우리는 일로부터 깊이 소외된다. 상사들이나 이해관계자들이 비대면으로 우리를 부리는 비인격적인 관료 조직에 종속되어 있을 때도 그러하지만, 우리가 자발적으로 선택해서 목표와 일정에 대한 통제권을 갖고 그 결실을 직접 거두는 일을 할 때에도 다르지 않다. 그 이유는 일 숭배 문화가 발전을 거듭한 끝에 우리의 삶 전체를 일종의 산업 공정으로 바꿔놓았기 때문이다. 우리의 삶은 이제 목표, 마감일, 결과물이 정해진 생산라인 안에서 최대한 효율적으로 관리되어야 할 대상으로 변모했다. 이런 상황에서 일은 존엄의 원천이기는커녕, 정반대로 우리를 소외시키고 사기를 꺾으며 무기력하게 만드는 원인이 되기 쉽다.

미루기를 뜻하는 영어 단어 'procrastination'은 '내일로 미루다'라는 뜻의 라틴어에서 유래했는데, 이 단어가 처음 등장한 것이 일 숭배 문화가 처음 싹트기 시작한 16세기였다는 사실은 아마도 우연이 아닐 것이다.[1] 그후로 이 단어에는 차츰 더 강도 높은 도덕적 질책이 실렸다. 일 자체를 최고의 선으로 삼으며 우리가 어떤 사람인지, 우리가 얼마나 잘 살고 있는지를 결정하는 핵심 요소로 여기는 서구 문화에서, '미루기'는 우리에게 독특한 형태의 감정적 고통을 부과한다. 일을 숭배하는 문화가 팽배한 오늘날, 우리의 일은 과거의 그 어떤 시기보다도 곧 우리 자신이기 때문이다.

이 사실은 수많은 여론 조사로 입증된다. 2019년 1월에 발표된 퓨 리서치센터의 보고서에 따르면, 성인기 인생에서 무엇이 가장 중요한지 우선순위를 묻자 청소년 중 90퍼센트 이상이 '즐길 수 있는 직업이나 커리어를 갖는 것'을 '대단히 혹은 아주 중요한 일'로 꼽았다. 이는 '도움이 필요한 사람을 돕는 것'(81퍼센트), '돈을 많이 버는 것'(51퍼센트), '결혼하는 것'(47퍼센트), '자녀를 갖는 것'(39퍼센트)보다 높은 수치였으며 의외로 '유명해지는 것'(11퍼센트)보다도 더 높았다. 2023년 1월에 발표된 퓨 리서치의 또다른 보고서에 따르면, 청소년 자녀를 둔 부모 중 약 90퍼센트는 재정적 독립과 즐길 수 있는 직업이나 커리어를 갖는 것을 자녀의 미래에 '대단히 혹은 매우 중요한 것'으로 평가했지만, 자녀가 부모가 되거나 결혼하는 일을 그 정도로 중요하다고 평가한 비율은 약 20퍼센트에 불과했다.[2] 이 보고서는 부모 세대의 가치관이 청소년들에게 영향을 주었음을 보여주는 듯하다.

　여기서 결정적으로 눈여겨볼 부분은 일의 윤리가 직업, 커리어, 일자리로 국한되지 않는다는 것이다. 일의 윤리는 일과 관련될 때 가장 또렷하게 나타나지만 거기서 멈추지 않는다. 일의 윤리는 훨씬 은밀한 방식으로 우리가 소중히 여기는 거의 모든 것을 잠식해버렸다. 지금은 인간관계, 종교, 자녀 양육, 집안일 모두가 '일'로 여겨지고 '일'이라는 단어로 지칭된다. 여기서 하려는 이야기는, 온라인 접속과 재택근무로 인해 공적 영역과 사적 영역, 일과 '삶' 사이의 경계가 허물어지고 우리가 항시 일에 연결된 상태가 되었다는 뻔한 소리가 아니다. 요점은 일의 윤리 자체가 우리가 애써서 사적이고 친밀한 영역으로 분리해놓은 부분까지 침투했다는 것이다. 우리는 '사랑을 위해 노력한다working at love' '결혼생활을 위해 노력한다working at our marriage' '자기계발에 힘쓴다working on myself'라는 식으로 말한다. 심지어 식당에서 종업원이 접시를 치워도 되는지 물으면 "아직 식사 진행중이에요I'm still working on it"라고 답한다. 여가 또한 일의 한 가지 형태가 되어, 생산적으로 시간을 보내고 더 활기찬 상태로 직장에 복귀하기 위한 재충전의 시간으로 여겨진다. 우리의 삶 자체가 '진행중인 일work in progress'로 이해되는 것이다.

　다시 말해, 일 숭배 문화에서 중요한 건 단지 직업이나 커리어를 뜻하는 '일'이 일종의 종교적 숭배 대상이 되었다는 점만이 아니다. (특히 고학력 엘리트 사이에서) 일에 대한 숭배는 사회

적 지위를 결정하는 요인으로서 사랑, 양육, 가정생활의 성공
이 지니는 가치를 압도한다. 게다가 이제는 일을 하고 커리어,
성취감, 지위, 돈과 같은 결실을 거두는 데에서 멈추지 않는다.
일의 윤리는 삶의 거의 모든 차원에 침투해 들어왔다. 우리의
삶은 여러 면에서 총체적 일이 되었다.[3]

　이렇듯 삶의 크고 작은 목표가 모조리 일을 숭배하는 데 동원
되는 현상은 이제 당연시될 만큼 우리의 문화에 깊이 뿌리내려
있다. 그러나 역사상 잘 알려진 몇 건의 연애나 결혼을 떠올려
보면, 이것이 우리 시대에만 특유한 현상이라는 사실을 쉽게 깨
달을 수 있다. 호메로스의 『일리아스』에서 묘사되는 파리스와
헬레네의 열정을 두고, 그들이 자신들의 관계에 대해 '노력하고
있다'는 식으로 생각했다고 상상하면 기이하게 느껴질 것이다.
엘로이즈와 아벨라르(12세기의 철학자이자 신학자 피에르 아벨라르
와 그의 제자인 엘로이즈는 서로 사랑에 빠졌으나 이별한 뒤 각자 수도
자의 길을 걸었으며, 평생 서신을 주고받았다—옮긴이), 샤 자한과
뭄타즈 마할(무굴제국의 황제 샤 자한은 깊이 사랑하던 왕비 뭄타즈
마할이 죽자 그녀를 기리기 위해 타지마할을 세웠다—옮긴이), 빅토
리아 여왕과 앨버트 공(빅토리아 여왕은 남편 앨버트 공이 죽은 후
평생 상복을 입었다—옮긴이), 거트루드 스타인과 앨리스 B. 토클
러스(파리의 문학·예술계를 이끌던 동성 커플로, 평생의 동반자 관계
였다—옮긴이) 같은 커플들도 그렇다. 이들이 이따금 자신들의
관계를 돌아보며 경청, 상대방에 대한 관심, 타협, 헌신, 인내와

같은 덕목이 사랑을 키워가기 위한 필수 요소라고 생각했을 수는 있다. 그리고 실천을 통해 이러한 덕목을 길러야 한다고 생각했을 수도 있다. 그러나 오늘날 우리가 이 덕목들을 실천하는 방식은 과거와는 전혀 다르다. 우리의 시대정신은 현대의 업무 관행, 상업적 감수성, 생산성, 과정, 정량화 가능한 성취, 상품화된 시간, 프로그램과 프로젝트로 구성되는, 요컨대 관리주의의 정신이다.

우리가 살아가는 총체적 일의 세계에서 우리의 자기가치감은 곧 우리가 성취한 것들의 목록과 동일하다고 여겨진다. 연애는 하나의 성취다. 여가 활동도 성취다. 정체성조차 성취다. 심지어 자녀를 갖는 일조차도 성취로 일컬어진다. 비슷한 맥락에서 양육은 일종의 공학으로 변모했다. 우리 시대의 양육이란 아이들이 최대한 자율적으로 스스로의 정체성을 구성하는 동시에 일정에 최대한 욱여넣은 교과·비교과 영역에서 최고의 성과를 내도록 설계하는 행위이다. 내가 만나본 무수히 많은 중산층 부모들이 주말마다 '끝도 없이' 가족 프로그램에 참여하는 데 지쳐 있었다. 가족 프로그램에서는 자녀들이 하는 숙제, 운동, 다툼 해결까지 모든 일을 감독하고 보조해야 하는데, 보통은 부모가 그 역할을 맡는다. 주말에 비하면 분주하게 근무하는 평일이 오히려 휴식처럼 느껴질 지경이다. 그런 부모들의 자녀들은 학교의 문턱에 발을 들여놓는 순간부터 쉼없이 돌아가는 목표와 선택, 경쟁적 성취, 이력서 채우기로 이루어진

쳇바퀴 같은 삶의 이상을 주입받고, 일류 대학에 진학하여 지위 높은 고소득 직업을 가질 때까지 사다리를 바삐 오르게 된다.

이러한 일의 윤리는 종교에 가까운 헌신을 요구한다는 점에서 종교적인 정신을 담고 있으며, 실제로도 그 기원이 종교에 있다. 일의 윤리의 근원을 찾으려면 근대 서구의 원천이라 할 수 있는 16세기와 17세기의 프로테스탄트 종교개혁으로 거슬러올라가야 한다. 종교개혁의 중심에 있던 두 지도자 마르틴 루터(1483~1546)와 장 칼뱅(1509~1564)은 하나의 신념, 더 정확히 말해 하나의 도덕적 신념을 탄생시켰다. 그것은 바로 일에 대한 헌신과 일에서 이룬 성공은 도덕적 올바름의 표식이며 따라서 당연히 보상받을 자격이 있는 것, 반면 실패는 도덕적 해이의 징표이며 게으른 삶에 대한 정당한 응보라는 인식이었다.[4]

루터와 칼뱅에게 게으름은 파멸의 분명한 전조였다. 두 사람의 활약을 통해 노동은 '신성한' 지위로 격상되었다. 수 세기 동안 자족적인 명상의 삶을 영위한 수도사처럼 선택된 소수의 노동만이 아니라, 모든 정직한 노동의 지위가 높아졌다. 노동은 비천한 것이든 고귀한 것이든, 부를 축적하는 것이든 단지 생계를 유지하는 것이든, 신을 향하는 봉사이자 모든 선의 근원에 헌신하는 활동으로 여겨지게 되었다.

놀랍게도 루터와 칼뱅은 일을 찬양하고 일을 장려하는 근면과 절제 같은 미덕을 높이 평가했음에도 신이 어떤 인간을 구원할지 버릴지 정하는 데에 일이 영향을 줄 수는 없다고 단언했다. 신의 구원이 인간의 일에 달렸다고 생각한다면, 곧 신이 인간의 뜻에 따라 설득되거나 뇌물을 받고 움직일 수 있다는 뜻으로 해석될 수도 있다. 건방지다못해 신성모독에 해당하는 생각이다. 게다가 일로써 구원받고자 하는 노력은 애초에 의미가 없다. 칼뱅에 의하면 신은 인간이 태어나기도 전에 이미 그 사람의 운명을—영원히 구원받을지 영원히 버림받을지를—결정해두셨기 때문이다. 주사위는 이미 던져졌고, 우리가 하는 어떤 일도 예정된 운명을 바꿀 수는 없다.

그런데 이 두 명의 프로테스탄트 지도자는 우리의 행동이 신이 이미 정한 우리의 운명에 영향을 미칠 수는 없지만, 역으로 우리의 행동이 그 운명을 반영할 수는 있다고 보았다.[5] 즉 근면하게 일하는 것 자체가 곧 축복받은 자에 속한다는 증표인 셈이다. 반대로 게으름은 죽어서 지옥에 떨어질 징조였다. 칼뱅은 1555년에 도시국가 제네바의 종교적 독재자가 되었을 때 게으름을 악덕으로 규정하고 금지했다. 자기 몫의 일을 회피하는 것, 즉 오늘날 사용하는 표현대로라면 요령을 피우는 것은 공동체에 대한 배신을 넘어 지옥불에 떨어질 운명을 예고하는 행위였다.

이러한 일의 물신화는 그뒤로도 오랜 시간에 걸쳐 수많은 종교 설교자들에 의해 계승되었다. 그중 18세기의 위대한 청교도

신학자 조너선 에드워즈(1703~1758)는 사람들이 일상적인 쾌락과 오락에 정신이 팔려 궁극적으로 중요한 단 하나의 목표인 신에 의한 구원을 회피한다며 격렬히 비판했다. 그가 보기에, 사람들은 그런 식으로 돈을 낭비한다는 건 상상도 못할 만큼 시간을 무분별하게 낭비하면서 진정으로 중요한 일을 한없이 미루고 있었다.

> 많은 사람들이 얼마나 하잘것없는 목적으로 시간을 허비하는가. 시간만큼 소중한 것이 없건만, 그만큼 낭비되는 것도 없다…… 인류는 시간이 너무나 풍족한 것처럼, 그들에게 필요한 것보다 훨씬 많은 시간이 주어진 것처럼, 시간을 어떻게 써야 할지 모르는 것처럼 행동한다.[6]

이와 비슷한 시기에 박식한 학자 새뮤얼 존슨(1709~1784)은 그가 발행하고 있던 잡지 『램블러』에 실은 에세이에서 미루기의 위험에 대해 개탄했다. "어차피 피할 수 없다는 걸 알면서도 스스로에게 일을 미루도록 허락하는 어리석음은 일반적으로 인간이 가진 약점 중 하나로서, 도덕가들의 가르침과 이성의 항의에도 정도의 차이만 있을 뿐 모든 정신 속에 만연하다." 그는 이렇게 글을 이어나갔다. "〔그런 미루기에〕 가장 굳건히 저항하는 자들조차, 미루기가 자신이 지닌 감정 중 가장 강렬한 것은 아닐지언정 가장 집요한 것으로서, 언제나 새롭게 공격을 가하며 종종 진압되긴 하지만 완전히 격퇴할 방도는 없다는 사실을 알게 된다.”[7]

에드워즈의 선동에 비하면 제법 섬세한 진단이다. 존슨은 미루기의 원인이—예를 들어 우리의 주의를 산만하게 하는 쾌락처럼—하나로 정해져 있는 게 아니라 여럿이므로 대처하기가 대단히 곤란하다고 말한다. 예를 들어 우리는 서로 경쟁하는 여러 욕구 가운데 무엇을 택할지 결정하는 데 매우 서툴다. 그래서 보통은 그 순간에 가장 시끄러운 욕구가 우위를 차지하도록 놔둔다. 우리는 여러 선택지의 장단점을 열심히 가늠해보다가, 뾰족한 답이 없다고 느끼면 되는대로 운에 맡긴다. 어떤 행동을 취하는 데 따를 역경을 지나치게 걱정하다가 행동 자체를 포기하는 마비 상태에 이르기도 한다.

존슨은 신학자가 아니다. 그러나 “〔우리〕 존재의 중대한 과업에 헌신함으로써 유익하게 사용하기로 결정하지 못한” 모든 순간이 반드시 우리의 통제를 벗어난 “어떤 힘에 의해 탈취될” 거라는 그의 주장이 어디서 기원했는지 되짚어보면, 두 세기 전 종교개혁 지도자들이 형성한 프로테스탄트 전통을 만나게 된다. 이 전통은 19세기에 토머스 칼라일(1795~1881)과 같은 작가들에게서 종교적 숭배의 정점에 달한다. 그에게 일은 명시적으로 “종교적”이고 “성스러운” 것이자 우리 “인생의 목적”이다. 칼라일은 “인간은 일함으로써 자신을 완벽하게 만든다”라고 적는다. 일은 “정화하는 불”이기 때문이다.[8]

성스럽게 여겨지는 것에는 논박 불가능한 내재적 가치가 있으며, 따라서 어지간해선 선호나 실용성의 문제를 초월하기 마련이다. 게다가 성스러움은 일반적으로 공동체에 의해 수여되는 지위다. 에밀 뒤르켐(1858~1917)과 같은 초기 사회학자들이 주장했듯이 공동체가 성스럽게 여기는 대상은 공동체의 집단 정체성과 윤리의 핵심적 근원을 이룬다. 그러니 존슨과 칼라일의 시대에 일을 신성한 삶의 목적으로 여기기 시작했다면, 그 뒤로 일이 점점 사람들의 삶을 잠식해나간 건 당연하다. 그렇게 세월이 흘러 우리 시대에 이르면 앞서 설명했듯 모든 것이 '일'이자 '노력'할 대상으로 생각되는 지경에 이르는 것이다. 사랑, 섹스, 결혼, 육아, 살림, 우정, 심지어 여가마저도 일의 윤리에서 자유롭지 못하다. 이런 풍조 속에서 인생의 모든 면면이 목표와 지표, 성취로 측정되는 생산적 성과를 산출하는 일로 여겨지는 건 놀랍지 않다. 인생의 모든 영역이 도덕주의와 관리주의가 결합된 강력한 사고방식에 물들어버린 것 역시 놀랍지 않다. 도덕주의란 일이 우리 삶의 목적에 정당성과 타당성을 부여하는 미덕이라는 뜻이고, 관리주의란 우리 삶의 목적이 목표 설정, 계획, 실행, 완수로 대표되는 '절차 정신' 속에서 추구된다는 뜻이기 때문이다. 우리가 살아가며 하는 경험들 역시 이런 식으로 이해되기 시작한다. 경험은 인생의 산출물, 우리가 누적해온 성취, 최대한 좋은 것을 최대한 많이 소유하는 행위가 된다. 그리하여 우리가 한 경험의 총합은 우리가 얼마나 생산적으로, 나아가 얼마나 충만하게 살고 있는지를 측량하는 척도로 여겨진다.

그렇다면 일을 숭배하는 교리에서 우리는 누구나 종신형을 선고받은 셈이다. 주당 근무 시간을 줄이고, 근무 시간을 유연화하고, 주요 의사결정에 노동자들과 주주들의 참여를 확대하는 것은 그 자체로는 대단히 바람직한 일이지만, 일이 현대의 가장 끈질긴 전체주의 이데올로기라는 현실을 바꾸기에는 역부족이다. 우리가 스스로 의미 있는 삶을 살고 있다고 여기고 또 다른 사람들에게 그렇게 인정받기 위한 결정적 조건은 여전히 총체적인 생산성이나 경험, 혹은 그 둘 다에 의해 가치가 측정되는 수많은 활동을 해내는 것이기 때문이다. '일과 삶의 균형'이라는 만트라가 암시하고 갈수록 자주 들리는 '일과 삶의 통합'이라는 캐치프레이즈가 인정하는 바와 달리, 우리 삶의 어느 영역도 일의 정신으로부터 온전히 분리되지 못한다.

이 지점에서 우리는 이 장 처음에 던졌던 질문으로 돌아오게 된다. 일에 대한 숭배는 어쩌다가 역설적으로 미루기를 조장하게 되었는가? 그 대답은 이러하다. 일에 대한 숭배가 관리주의 정신에 지배되는 생산성의 윤리로 전락하고, 생산성의 윤리가 우리의 직업뿐만 아니라 경력, 결혼, 육아, 여가를 아우르는 인생 전반에 스며들 때, 이러한 삶의 목표들은 아무리 자발적으로 선택하고 성공적으로 수행한 것일지라도 전부 감흥 없이 틀에 박혀 진부하고 꽉 막힌 것으로 느껴진다. 삶의 모든 것을

'일'의 언어로 규정할 때, 우리는 시시포스(그리스신화 속 인물로, 무거운 바위를 산꼭대기까지 굴려서 올리는 일을 무한히 반복하는 형벌을 받는다―옮긴이)처럼 쳇바퀴에 갇힌다. 우리는 우리가 이룬 성취의 총합에 불과한 존재로 납작해진다. 더구나 우리가 이루는 성취라는 것은 언제나 금세 사라지고, 더 대단하고 더 최근에 이루어진 다른 사람들의 성취에 손쉽게 가려지기 마련이다.

우리는 일의 윤리에 중독되고 그것이 부과하는 사회적 기대에 얽매인 채 스스로 가동하는 생산성 기계의 톱니바퀴로 전락했다고 느낀다. 우리의 에너지, 사고, 회복력, 나아가 인생 전체가 산출을 극대화하기 위한 자산으로 활용된다. 그런데 자신을 이런 방식으로 대하다보면 더더욱 일 자체에 중독되고 만다. 삶의 목적, 자존감, 사회적 지위, 삶과 세계에 대한 통제, 심지어는 현실감각에 이르기까지 모든 것의 핵심을 일이 차지하기 때문이다. 하지만 아무리 일을 기막히게 잘해낸다 해도, 사람에게 일은 결국 차갑고 공허한 존재다. 일은 우리 내면의 폭군으로 군림하면서 생활을 지배하고 경력이나 직업을 넘어 삶의 온갖 영역에 의미를 부여한다. 그 과정에서 우리는 타인과의 유대와 놀이 정신과 즐거움을 잃고 기이할 만큼 공허한 상태에 빠진다. 일의 윤리에 내면이 잠식된 나머지, 일을 내려놓지 못하는 지경에 이른다. 그렇게 계속해서 일에 매달리다보면, 눈앞의 과제에 뛰어들 의욕이 바닥났다고 느끼는 순간이

온다. 그렇게 우리는 미루기 시작한다.

드높은 이상에 의해 부여받은 동기도 우리를 일의 윤리로부터 구조해주지는 못한다. 예를 들어 우리는 공동체를 위한 소명의식에 이끌려 일에 헌신할 수도 있고, 사랑이라는 기치 아래 배우자와 자녀에 대한 책임을 다할 수도 있다. 그러나 실생활에서 우리가 그런 헌신을 실천하는 방식은 여전히 목표 설정, 계획, 실행, 완수라는 메마른 절차들로 뒤덮일 수 있으며, 그렇게 우리의 일상은 관리주의에 온전히 지배받게 된다.

3
자율성에 대한 숭배

　이 대목에서 현대의 또다른 위대한 숭배 대상이 등장한다. 바로 개인의 자율성이라는 놀라울 만큼 급진적인 약속이다. 개인의 자율성이라는 개념은 수천 년에 걸친 전통을 부정하며 우리 삶의 목적이 사제, 부모, 친구, 관습, 통치자, 성서, 신, 그 밖에도 무엇이 되었든 외부 권위에 의해 정해져서는 안 된다고 주장한다. 우리가 무엇을 가치 있게 여기고, 성취하고, 생각하고, 행동하는지 명령하고 승인하는 것은 오직 우리 자신의 내면에 있는 권위여야 한다. 그 권위는 이성, 감정, 의지, 본성, 또는 우리 자신이나 우리가 생각하는 자기 자신, 이중 무엇으로 이해해도 좋다. 일단 우리가 어떤 존재가 되어 어떤 행동을 할지 스스로 결정했다면, 우리는 그런 존재가 되어 그런 행동을 할 수 있고,

반드시 해야 한다.

자율성이라는 약속에 가장 큰 영향력을 미친 체계적 근원을 꼽으라면 단연코 18세기 철학자 이마누엘 칸트(1724~1804)를 들 수 있다. 마르틴 루터와 르네 데카르트(1596~1650)와 같은 거장들로 대표되는 16~17세기의 철학에 깊숙이 뿌리내린 칸트의 사상에서는, 개인에게 도덕적으로 행동하기 위해 따라야 할 법칙을 부여할 수 있는 건 오로지 개별적·이성적 주체인 개인뿐이라고 주장했다. 요컨대 진정한 도덕적 목적은 오직 개인에 의해서만 만들어지고 정당화될 수 있다는 것이다. 어떠한 가치든 외부의 권위에만 의존하여 받아들여서는 안 된다. 이 원칙은 신실한 신앙인에게도 똑같이 적용된다. 즉, 신의 계율조차도 도덕적으로 구속력을 가지기 위해서는 개인의 자율적 승인으로 뒷받침되어야 한다.[1] 이로부터 칸트는 인간이 최고선에 대해 진정으로 의지를 발휘할 때 그가 "신성과 유사한 존재"가 된다는 놀라운 결론에 도달한다.[2] 칸트는 자율성이 스스로 목적을 세우는 것이라고 보았으며—이는 그의 동시대인들에게는 물론이고 어쩌면 오늘날의 우리에게도 충격을 줄 수 있는 주장이지만—그로써 우리 개개인에게 신과 동등한 지위를 부여했다. 도덕법칙을 스스로 입법함으로써, 우리는 신의 권위를 넘어서게 된다. 이러한 사고를 직접적으로 계승한 사람이 현대의 가장 강력한 대변자이자 예언자라고 불려 마땅한 19세기의 도발적 철학자 프리드리히 니체(1844~1900)다. 니체는 전통적인 기독교의 신이 신성한 가치를 창조하고 관리했듯이, 인간이 자신의 가치를 스스로 창조하고 그 실행을 철저히 감독해야 한다고 촉구했다.

> 그대는 그대 스스로에게 선과 악을 부여하고, 그대의 의지를 계명으로 삼아 머리 위에 걸어둘 수 있는가? 그대는 그대 계명의 재판관이자 응징자일 수 있는가? 자기 계명의 재판관이자 응징자로서 홀로 존재하는 것은 무서운 일이다. 그리하여 별은 공허 속으로, 얼음처럼 차가운 고독의 숨결 속으로 내던져진다.[3]

개인은 영광스럽게도 자신의 삶을 스스로 결정하는 존재이지만, 그 대가로 '얼음처럼 차가운 고독의 숨결'을 감수해야 한다. 이러한 무모한 조합을 바탕으로 개인이 인생의 점점 더 많은 영역은 물론 주위의 자연세계마저 지배하고 통제할 수 있다는 현대 서구 사회의 약속이 등장했다. 과거에는 신적 존재, 전통, 통치자, 인간 본성 등에 의해 그저 주어진 것으로 여겨졌던 삶의 거의 모든 영역이 스스로 결정을 내리는 개인의 제국으로 점차 흡수되었고, 이제는 오직 개인이 결정하고 승인해야만 유효하다고 간주되기에 이르렀다. 도덕적 목적뿐 아니라 종교마저 자신이 스스로 결정할 문제로 바뀌었다. 아름다움은 더이상 객관적 기준이 아닌 개인 취향의 문제가 되었다. 진리조차 개인이 세상을 어떻게 보는가에 따라 '나의 진리, 너의 진리'가 달라지는 상대적인 것으로 여겨진다. 니체의 인상적인 표현을 빌리자면, "진리는 은유들의 움직이는 군대"가 되었다. 즉, 현실적으로는 어떨지 몰라도 원칙적으로는 보편적인 합의에 따라 공정한 조건에서 규정되어야 하는 객관적 진리 개념이 점점 자리를 잃어가는 것이다. 우리는 더이상 조상들로부터 소명을 물려받지 않는다. 최근에는 성적 지향과 젠더 정체성마저 점점 자기결정 또는 자기정체화의 영역으로 편입되고 있다. 이것들은 언제든 수정될 수 있으며 계속 구성중인 개인의 정체성에서 핵심적인 측면을 이루는 요소다.

하지만 자율적인 주체가 확장을 거듭하는 동안 삶의 일부 영역은 여전히 엄격한 금기의 영역으로 남아 있었다(이것이 일시적 현상인지 혹은 영원히 그대로 유지될지는 아직 알 수 없다). 이 글을 쓰는 현재 시점에서, 여전히 객관적으로 정해진 것으로 간주되며 따라서 개인의 자율성과 선택을 존중하고 인정하라는 요구가 침범하지 못하는 두 가지 영역은 나이와 인종 정체성이다. 이 두 가지 금기를 넘어서려 한 이들은 가치, 아름다움, 소명, 젠더, 성적 지향, 진리의 영역에서는 거의 신성불가침의 권리로 여겨지는 자율성이 오직 이 두 영역에서는 명백히 금지되었음을 절감하게 된다. 예컨대, 네덜란드의 전직 정치인이자 방송인이며 '긍정성 구루'를 자칭하는 69세의 연금생활자 에밀 라텔반트는 자신의 법적 연령을 자신이 실제로 느끼는 나이인

49세로 인정받고자 법정 다툼을 벌였으나 패소했다. 그의 시도는 터무니없고 자기비하적이며 주제넘은 행위라고 조롱받았다. 한편, 수십 년간 자신을 흑인과 아메리카 원주민 혈통이라고 주장하며 미국에서 가장 명망 높은 흑인 인권단체인 전미흑인지위향상협회NAACP의 지역 지부장 자리까지 올랐던 백인 학자 레이철 돌러잘은 사실 유색인종 혈통이 아니라는 사실이 밝혀지자 파면당하고 사회적으로 매장되었다. 자신이 "내면적 자아 감각"과 "본질적 정체성"과 심원한 가치관에 의해 '트랜스흑인'으로 정체화한다는 그녀의 주장은 사회적으로 정당하지 않다고 거부당했다.[4] 확장을 거듭하는 칸트적 자율성의 논리에서도 라텔반트와 돌러잘은 선을 넘었다고 여겨진 것이다.

자율성의 역사를 간략히 살펴보는 사이, 앞서 일의 숭배에 대해 품었던 것과 동일한 의문이 생긴다. 자율성이 개인의 주체성과 자기결정을 약속하는 것이라면, 어떻게 자율성이 오히려 미루기의 동력이 될 수 있을까? 무한히 확장되는 자율성과 자기결정의 약속은, 오히려 미루기를 멈춰줄 완벽한 해독제여야 하지 않을까?

답은 그렇지 않다는 것이다. 실현할 수 없는 과도한 자율성의 약속 앞에서 우리는 오히려 압도당하고 무기력해지며, 결과적으로 더 심한 미루기에 빠져들 수 있다. 오늘날 극단으로 치달은 자율성 담론은 우리가 자신의 삶과 자신이 살아가는 목적을 완벽하게 통제할 수 있어야 한다는 기대를 만들어낸다. 우리는 자신이 천성에 의해 원칙적으로 삶의 우선과제를 자유롭게 선택하고 실천할 수 있는 존재이길 기대한다. 그리고 그 기대가 좌절될 때, 무력감과 좌절감, 의욕 상실에 사로잡힌다.

실로 기대는 좌절되기 쉽다. 현실에서 자율성은 삶의 우선과제를 설정하거나 실현하는 데 기계처럼 안정적으로 작용하지 않기 때문이다. 애초에 개인이 삶의 우선과제를 전적으로 자유롭게 선택하는 경우는 드물다. 우리가 무엇을 중요시하는지는 어린 시절부터 부모, 또래, 경쟁자, 미디어에서 깊은 영향을 받는다. 게다가 우리의 우선순위는 우리 앞에 서서히, 무의식적으로 드러나다가 우리가 그것을 받아들일 준비가 된 어느 예기치 못한 순간에 불현듯 밝혀지기 마련이다. 혹은 조용히 다가와 우리를 매혹시키기도 하고, 우연한 기회를 통해 목표가 되기도 한다. 또는 그것이 소득이나 지위 같은 즉각적인 보상을 제공한다는 사실을 깨달았을 때에야 우리의 시선을 사로잡기도 한다.

게다가 오로지 자신의 내면을 들여다봄으로써 우선과제를 발견하고 삶의 중요한 결정들을 내리기란 불가능하다. 우리의 내면세계는 대개 불투명하며 직접적인 자기성찰에 순순히 응답하는 법이 없다. 니체는 말한다. "모든 개인은 자기 자신에게서 가장 멀리 떨어져 있다. 우리는 필연적으로 우리 자신에게 낯선 존재이며, 우리 자신을 이해하지 못하고, 반드시 오해할 수밖에 없다."[5] 우리는 자신의 영혼에 특별히 접근할 권한이 있다고 배워왔으므로 이러한 사실은 니체의 말마따나 "당혹스럽다". 니체에 의하면 델포이 신탁의 유명한 격언 "너 자신을 알라!"는 "거의 악의적"인 잔혹한 조롱일 뿐이다.[6]

그러므로 오늘날 극단으로 치달은 자율성의 약속이 이야기하는 것과 달리, 우리는 삶에서 무엇이 가장 중요한지 결정하는 통제권을 거머쥔 존재가 아니다. 여기에 더해 우리는 선택을 내릴 때 갖가지 실질적인 제약을 받는다. 이는 특히 직업이나 소명과 같은 영역에서 부각되는데, 가령 부족한 학력이나 인맥, 어디든지 기회가 주어지는 곳에서 돈을 벌어야 할 필요성, 살 곳을 구하는 문제, 다른 사람에 대한 책임 같은 제약 탓에 우리의 선택지는 크게 제한받는다. 직장에 들어간 뒤에는 상사의 변덕과 목표 성과라는 폭정이 우리의 자율성을 뒤흔든다. 직업에 만족하고 자유롭게 프로젝트를 선택할 권리보다 조직에 잘 융화되는 것이 우선이기 때문이다. 많은 직종에서 마감 기한이 점점 더 촉박해지고 근무 시간이 점점 더 길어지는 상황 역시 우리를 압박한다. 2030년쯤엔 한 사람이 주당 열다섯 시간만 일하게 될 것이라고 예측했던 경제학자 존 메이너드 케인스의 전망[7]이 무색해지는 현실이다. 소설가이자 정치인이었던 고어 비달의 말을 빌리자면, 자신이 성공하는 걸로 부족해 남이 실패해야만 직성이 풀리는 경쟁자들도 우리의 자율성을 흔들어놓는다. 우리가 한 일에 대해 공로를 인정받지 못하거나, 의사결정에서 소외되거나 배제되는 일도 있다.

그렇다고 해서 우리가 쉽사리 일하는 분야를 바꾸거나 마음에 들지 않는 일을 하기로 한 결정을 되돌릴 수 있는 건 아니다. 그러면 수입과 커리어, 지위가 모두 위태로워진다. 일정 나이를 넘기면 진입이 어려워지는 분야도 있고, 수년간의 재교육을 거쳐야 할지도 모른다. 가족을 부양하고 주택담보대출을 갚아야 하는 상황이라면 현실적으로 실행하기 어려운 방안이다. 이러한 제약을 안고 살아가는 이들에게, 자기결정권이라는 약속은 참담할 만큼 공허하게 느껴질 것이다.

자율성에 대한 숭배가 특히 격렬하게 드러나면서 일에 대한 숭배와 파괴적으로 상호작용하는 사례를 과도한 능력주의에서 찾을 수 있다. 능력주의라는 용어는 사회학자 마이클 영이 처음 사용한 것으로 알려져 있다.[8] 자율성에 대한 숭배와 일에 대한 숭배가 지배하는 우리 시대에 성공이란 거의 전적으로 개인이 자기결정권과 주체성을 발휘하여 이룩해낸 성취(특히 부, 지위, 권력)의 결과로 간주된다. 자기결정권과 자기책임의 위력에 의하여 '승자'의 성공은 남들은 물론 자기 자신에게도 도덕적으로 정당화된다. 반면 '패자'의 실패는 남들은 물론 자기 자신에게도 도덕적으로 응당한 것으로 여겨진다.

이것이 마이클 샌델이 그의 저서 『공정하다는 착각』에서 탁월하게 묘사해낸 삶의 방식이다. 샌델은 출신 배경과 무관하게

재능과 창의성과 노력만 충분하다면 누구든 더 높은 사회적 계
층으로 올라갈 수 있다는 믿음은 거짓이며, 따라서 그런 계층
상승이 "합당한 것"이라는 주장 또한 거짓이라고 주장한다. 실
제로 능력주의는 그 지지자들의 주장과 달리 모든 사람에게 소
위 평평한 운동장을 제공하지 못했고, 따라서 능력주의가 여타
경제 시스템보다 도덕적으로 우월하다는 주장도 정당화되지
않는다. 현실에서 승자가 성공하는 건 상당 부분이 인종, 계급,
유복한 성장 환경처럼 부모에게 물려받은 특권 덕분이다. 승자
들은 경제적 여유를 누리며 어릴 때부터 여행, 과외 수업, 스포
츠 훈련, 연극 등 시야를 넓혀주는 무수한 활동을 접하고 그로
써 엘리트 교육기관에 진입할 자격과 자신감을 쌓는다. 그 결
과, 부유하고 인맥이 풍부한 가정의 아이들은 부모로부터 물려
받은 연결망에 더해 자신들만의 인맥까지 형성한다.

샌델은 이러한 경제적, 교육적, 문화적 특권의 수혜자들이 동
질혼을 하고 그들의 자녀 또한 같은 계층 내에서만 어울리면서,
결국 인맥을 기반으로 우위에 서서 자기 집단의 이익을 챙기는
일종의 세습 엘리트인 '네포nepo(금수저)' 계층으로 발전한다는
점을 우려한다. 심리적·사회적으로 폐쇄적인 금수저 계층에 속
한 사람들은 기회 불평등을 더욱 심화시키며, 자신들이 사회 이
동성을 차단한 타인들에게는 어떠한 유대나 책무도 느끼지 못
하고 갈수록 단절된다. 그들은 특권을 누리고 있다는 걸 인정하
지 않으므로 자신만큼 유복하지 않은 이들을 도와야 한다는 도

덕적 의무를 받아들이려 하지 않는다. 그렇게 자원을 둘러싼 경쟁에서 약자들이 패배할 수밖에 없는 구조가 만들어진다.

능력주의는 이렇듯 기회와 결과에서 극단적인 불평등을 조장하여 수백만 명의 사람들에게 부당하게 소외된 느낌을 안겨주고 사회 전체의 결속을 위협한다. 샌델이 이를 증명하기 위해 인용하는 통계는 놀랍다. 미국 아이비리그 대학생의 "3분의 2 이상이 소득 상위 20퍼센트 가정 출신"이며, 프린스턴 대학교와 예일 대학교의 경우 "상위 1퍼센트 출신 학생 수가 하위 60퍼센트 전체를 합친 수보다 많다".[9] 이런 극심한 불평등으로 인해, 1970년대 후반부터 2020년까지 사십여 년 동안 소득 증가분의 대부분이 상위 10퍼센트의 주머니로 들어갔다. 미국에서 상위 1퍼센트의 부유층이 전체 하위 절반의 수입을 합친 것보다 더 많은 소득을 올린다는 건 이미 잘 알려진 사실이다.[10] 이 체제의 '패자'들은 저소득 일자리에 매여서 기본적인 삶의 수준을 유지하기 위해 점점 더 고생하게 되지만, 그들의 자녀들이 더 나은 삶을 살 수 있다는 보장은 없다. 그런 가운데 특권층 자녀들이 손쉽게 자기 자녀들을 제치고 앞서나가는 모습을 보면서 그들은 냉소적인 분노를 키우게 된다. 이런 상황에서는 자신의 꿈과 목표를 추구하려는 동기를 잃기 쉽다. 요컨대 미루기가 일어날 이상적인 생태계가 형성되는 것이다.

하지만 이른바 '승자'들도 매여 있기는 매한가지라는 점을 짚고 넘어가야겠다. 그들은 끊임없이 노력하고 성취하며 생산 자체를 위해 생산하라는 요구에 얽매인 나머지, 이미 흥미를 잃은 지 오래인 분야에서 빠져나올 수 없다. 시간 최적화, 생산성 극대화, 고소비라는 "철제 우리"[11]에 갇힌 이들은—그 우리가 아무리 황금으로 도금되어 있을지언정—'패자들'이 저임금 단순노동 일자리에 묶인 것만큼이나 꼼짝없이 자신의 현실에 붙들려 있다. 이런 체제는 승자와 패자를 불문하고 광범위한 번아웃, 우울, 권태를 안겨주며 자율성이 약속한 자유를 빼앗아버린다.

그렇다면, 일을 줄이고 더 공동체적인 삶을 사는 것이 과연 우리 사회에 만연한 일과 자율성에 대한 숭배의 해답이 될 수 있을까?

일에 대한 숭배는 분명히 거센 저항에 직면해 있다. 일과 여가의 균형을 근본적으로 재조정하자는 요구가 늘고 있으며, 지금보다 더 공동체 중심적이고 덜 이기적이며 덜 능력주의적인 사회를 옹호하는 사람들 사이에서 자율성 숭배에 반대하는 움직임도 점차 확산되고 있다. 시간을 낭비하는 것이 삶에 대한 범죄라는 신념, 자신이 오래 일하고 적게 자는 게 자랑할 거리라는 신념이 금융계 엘리트와 같은 일부 집단에서 여전히 기승을 부리고 있긴 하지만, 커리어가 삶의 전부가 아니며 개인적 성공을 거둔다고 해서 반드시 좋은 인생을 사는 건 아니라는 인식도 차츰 힘을 얻고 있다. '행복 경제학'과 같은 신생 학문에서는 소득과 생산이라는 협소한 개념보다 좀더 넓은 관점에서 인간의 만족도를 측정하는 번영지수를 개발했다. 실제로도 2020년 팬데믹 이후 유럽과 미국에서 수백만 명의 사람들이 새로운 일자리를 찾아두지 않은 채 직장을 그만둔 '대퇴사Great Resignation' 현상에서 일에 대한 저항이 뚜렷하게 드러난다. 대퇴사 현상에 영향을 미친 것은 그들이 팬데믹으로 인해 강제로 가정생활을 영위하며 발견한 자유와 사생활의 가치였다. 그들은 원치 않게 동료 및 친구와 단절되어 고립생활을 하면서, 회사에 헌신하는 삶이 아닌 더 풍요로운 일상을 경험했다.

이와 마찬가지로 눈에 띄는 (그리고 어쩌면 더 지속적인) 변화는 주 4일 근무제를 요구하는 광범위한 움직임이다. 대표적인 사례로 2023년에 영국 케임브리지 대학교와 미국 보스턴칼리지의 사회과학자들이 기타 여러 대학 및 독립 컨설팅 회사인 오타너미와 함께 수행한 연구가 있다.[12] 이들은 영국의 예순한 개 조직에서 임금을 삭감하지 않고 모든 직원의 근무 시간을 육 개월간 20퍼센트 줄이는 실험을 진행한 다음 그 데이터를 분석했다. 당시 기준으로 이는 '세계 최대 규모의 주 4일제 근무 실험'이었다. 분석 결과 연구진은 주 4일제 근무를 채택한 회사의 직원들이 건강 상태가 개선되었고 생산성도 향상되었으며, 회사 수익은 유지되는 것을 넘어 오히려 다소 증가했다고 결론지었다. 오타너미 CEO의 말에 따르면, 하루를 더 쉬게 되자 "사람들은 더 편안해졌고 충분한 휴식을 취할 수 있었으며, 나머지 나흘 동안 전력으로 달릴 채비가 되었다".[13] 케임브리지 대학교 연구를 이끈 브렌던 버첼 교수는 "직원들은 더이상 시간을 때우려고 하지 않았고, 오히려 생산성을 높이는 기술을 적극적으로 찾기 시작했다"라고 설명한다. 그는 또한 "실험 전에는 많은 이들이 근무 시간을 줄인 만큼 생산성이 증가할 수 있을지 의심했지만 실제로 그런 결과가 나왔다"라고 덧붙였다.[14]

일하는 시간이 줄어들자 생산성과 기업 수익이 높아졌을 뿐 아니라, 직원들의 복지가 대폭 향상되는 엄청난 효과가 나타났다. 전체 참가자 중 71퍼센트가 번아웃 증상이 줄었다고 보고했고, 39퍼센트는 실험 시작 시점보다 스트레스를 덜 느낀다고 답했다. 병가 일수는 65퍼센트 줄었고, 해당 기업들을 퇴사한 직원 수는 전년도 같은 기간과 비교해 57퍼센트 감소했다. 이로부터 짐작할 수 있듯 일과 삶의 균형이 눈에 띄게 향상되었다. 전체 직원 중 60퍼센트는 직장일과 돌봄노동을 더 잘 병행하게 되었다고 답했고, 일과 사회생활을 더 수월하게 조율하게 되었다고 답한 비율은 더 높았다.

일을 덜 하는 것은 미루기를 줄이는 하나의 해법처럼 보인다. 생산성이 향상된 것을 보아하니, 직원들은 주어진 업무 시간을 더 효율적으로 사용한 모양이다. 충분히 이해할 수 있는 결과다. 과제 수행에 배정하는 시간을 제한하면 집중력이 높아지고 미루는 행동이 줄어든다. 물론 케임브리지 대학교와 보스턴 칼리지의 연구는 육 개월로 기간이 한정되었기 때문에 이러한 생산성 향상이 가령 이 년 이상 지속될지는 알 수 없다. 다시 말해, 새로운 근무 스케줄에서 느끼는 신선함과 이전의 고된 근무 방식으로부터 해방됨으로써 사기가 진작되는 효과가 사라진 뒤에도 같은 효과가 유지될지는 미지수다. 그런데 설령 짧은 근무 시간이 지속적으로 생산성을 높이는 효과를 낸다 하더라도 문제가 있다. 근무 시간 단축 역시 결국은 관리·기술을 중심으로 하는 관료 정신을 바탕으로 이루어지므로 일에 대한 숭배를 부추긴다. 이러한 관료 정신은 여가와 가족, 친구, 공동체생활에 쓰게끔 확보한 추가 시간에 침투하고, 그런 시간을 모두 일하는 시간이나 일정을 정해놓고 관리하는 휴식 시간처럼 진행하게끔 한다.

그러므로 근무 시간이 단축된 새로운 체제 역시 지금과 마찬가지로 무기력과 번아웃에 물들 가능성이 높다. 케임브리지 연구에서 명시적으로 밝히듯, 여가와 자유 시간의 본래 목적이 일터에서 '나머지 나흘 동안 완전히 몰입할 수 있도록' 노동자들을 재충전하는 데 있다면, 새롭게 늘어난 자유에서 만족감을 느끼고 생산성이 높아지는 시점이 지난 다음에는 주 4일의 근무일 동안에도 미루기가 나타날 것이다. 미루기에 대한 전통적인 해법들은 대부분 비슷한 맥락에서 제안되므로 우리 문화에서 매력적으로 느껴진다. 그러나 바로 그 점 때문에 나는 근무 시간 단축이 진정한 해법이 될 수 없다고 생각한다. 일하는 시간을 줄이는 건 마음먹은 일을 행동으로 옮기게 해주는 연금술이 아니다.

마이클 샌델이 제시한 해법도 마찬가지다. 그는 극단적인 능력주의 사회의 해체와 분배 중심의 정부 지출 확대, 공동선을 중시하는 공동체 윤리로의 회귀를 통하여 더 큰 평등을 이룩하자고 주장했다. 그럼으로써 능력주의 사회에서 승자와 패자 모두를 괴롭히는 사기 저하 문제를 해결할 수 있다는 것이다. 수입과 지위 양면에서 뒤처져 낙담의 벽 안에 갇힌 이들에게 더 넓은 기회와 혜택을 열어주는 건 실제로 시급한 일이며, 그런 숭고한 이상이 실현된다면 참으로 훌륭할 것이다. 그러나 이러한 조치들은 일과 자율성에 대한 숭배 자체에는 어떠한 변화도 일으키지 못한다. 이 두 신념은 여전히 성공적인 자아의 결정적 표식으로 여겨질 테고, 여전히 개인의 목적과 정체성, 사회적 지위의 핵심을 이룰 것이다. 물론 노동의 결실이 좀더 공정하게 분배되고, 경쟁에 덜 집착하게 될 수는 있으리라. 개인이 일을 통해 자신을 통제해야 한다는 윤리와 반드시 생산적이어야 한다는 명령은 이제 공동체에 기여해야 한다는 명분으로 이해될 것이다. 스칸디나비아나 스위스처럼 비교적 사회화된 경제에서는 이미 이것이 현실이다. 하지만 그런 사회에서도 관리·기술을 중심으로 하는 정신은 매우 개인주의적인 사회 못지않게 삶 전반에 깊숙이 침투해 있다.

이런 정신에서 벗어나는 것만이 미루기를 본질적으로 해결할 수 있다. 즉 미루기를 그만두려면, 서구에서 발달하여 오늘날 실천되고 있는 일과 자율성에 대한 숭배에서 벗어나야 한다. 그러기 위해서는 우리가 지금 미루고 있는 가장 중요한 목표들과 맺은 관계에 변혁을 일으켜야 한다. 우리가 우리에게 중요한 목표를 어떻게 이해하고, 그것에서 무엇을 기대하며, 그것에 어떻게 집중하는지, 그리고 무엇보다 우리가 그 목표를 회피하는 행위가 무엇을 말해주는지에 대해 근본적으로 새롭게 이해해야 한다. 지금부터 그런 변화를 일으키기 위한 제안을 펼쳐보겠다.

2부

바닥난 동기를
높이는
일곱 가지 비결

4

잃을 게 너무 많으면, 줄인다

우리가 최우선과제로 삼는 중요한 일의 문제는, 그 일이 실제로 중요하긴 하지만 너무 중요하게 생각되는 바람에 우리를 옴짝달싹 못하게 마비시킨다는 것이다. 중요한 일에는 우리가 의미 있는 삶을 살고 있다는 감각, 자존감과 타인의 존중, 심지어 우리의 신체적·정신적 건강까지 너무 많은 게 달려 있다. 그래서 자칫하면 그 무게에 압도되어버린다. 우리의 마음은 소중한 목표에 얽매인 사슬에서 벗어나, 초점을 잃고 들뜬 상태로 자유롭게 떠돌기를 원한다. 우리는 자신의 우선과제를 스스로 선택하고 실행하는 능력을 통제한다고 느껴야 마땅하나, 실제로는 자신이 우선과제에 부과한 중요성에 얽매여 지낸다고 느낀다. 마감과 목표가 가하는 끊임없는 압박은 답답한

느낌을 악화하고 불안을 심화시킨다. 실은 이런 불안이야말로 미루기를 유발하는 가장 치명적인 원인이다. 철학자 버트런드 러셀(1872~1970)이 재치 있게 표현했듯, "신경쇠약이 다가오는 징후 하나는 자신의 일이 끔찍이도 중요하다고 믿으며, 휴가를 내면 온갖 재앙이 닥칠 거라고 여기는 것이다".[1]

이런 상황에서 우리는 지금껏 들어온 관습적인 조언을 폐기해야 한다. 우리가 해야 하는 일이 얼마나 중요하고 긴급한지 계속 생각해야 미루기를 그만둘 수 있다고? 이럴 때 취해야 할 접근법은 오히려 정반대다. 다시 말해 우리는 중요성의 폭압에서 우리의 정신을 해방시켜야 한다. 중요한 일에 여전히 집중하되, 상상력을 활용하여 그 일의 위압적인 중요성을 무력화해야 한다. 만약 우리가 진심으로 전념하고자 하는 일이라면, 마음속으로 기가 눌리지 않도록 중요성을 덜어낸다 하더라도 그 일을 하려는 내재된 동기가 사라지진 않을 것이다.

중요성을 덜어내는 작업을 수행하는 방식은 우리가 상상력을 얼마나 발휘하느냐에 따라 다양하다. 사람마다 맞는 방법이 다르겠지만, 여기서는 일단 내가 사용하는 방법들을 소개해보겠다.

우리가 가장 중요시하는 일의 중요성을 낮추고 위압감을 덜어내는 첫걸음은, 그 일을 우리가 선호하는 '회피 활동'으로 재구성하는 것이다. 그러면 그 일을 더 부담스러운 과제를 피할 수단으로 삼으려는 새로운 동기가 생겨난다. 즉 우리가 미루고 싶은 또다른 '해야만 하는 일'로부터 도망치는 수단으로 여기게 되는 것이다. 자기 자신, 친구나 동료, 부모와 가족을 위한 부담스러운 책무로 여겨졌던 일이 이제는 다른 일을 미뤄두고 즐겁게 몰입할 대상으로 변신한다. 20세기 초의 유머 작가 로버트 벤츨리는 다음과 같은 완벽한 표현으로 이 묘수를 설명했다. "사람은 누구나 얼마든지 많은 일을 해낼 수 있다. 단지 그 순간에 해야 할 일만 아니라면."[2]

어떤 과업이 너무나도 중요하다는 느낌에 짓눌려 있을 때는, 관점을 180도 뒤집어야 한다. 이 과업이 훨씬 더 중요한 어떤 일을 회피하기 위한 수단이라고 새로이 상상해야 한다. 그렇게 하면 이 과업에 착수하는 것은 해방적인 행위가 된다. '판옵티콘' 감옥의 유일한 죄수처럼 우리가 밤낮없이 감시하고 초점을 맞추어야 할 어떤 과제를 불성실하게 외면하는 행위가 된다. 이 과업에 실컷 몰두하든 기분에 따라 제쳐두든, 우리의 자유다. 우리는 마음이 끌리는 대로 관심사를 탐색하며 어디든 발길 닿는 대로 가볼 수 있다.

이런 묘수는 한동안은 제법 효과를 발휘할 것이다. 그런데 중요한 일의 부담감을 줄이는 방법이 하나 더 있다. 그 일을 수행하는 동안, 지금 이 순간 표현하고 실험할 수 있는 능력을 허락받는 데서 나오는 순수한 현재의 즐거움에만 집중하는 것이다. 이는 곧 과업을 완수했을 때 찾아올 만족감을 미래로 유예하지 않는 것, 다시 말해 장래 주어질 보상만을 바라보며 살아가지 않는 것이다. 또한 타인이나 자기 자신이 부과한 기대를 충족시키기 위해 노력하지 않는 것이기도 하다. 기대 역시 본질적으로 미래를 향하는 것이기 때문이다. 같은 맥락에서, 이는 곧 마감일이나 달성해야 할 목표에 초점을 맞추지 않는 것이다. 마감일과 목표는 달성되기 전까지 늘 우리 앞에 놓여 있기 때문이다. 적어도 지금 이 순간 우리의 목적은, 속절없이 흘러가는 시간과 우리를 기다리는 미래라는 폭군으로부터 우리의 정신을 분리하는 것이다.

현재에 오롯이 집중하는 태도만큼 우리 내면의 동기와 연결되는 좋은 방법은 없다. 우리가 향하고 있는 목적지를 잊으라는 뜻은 아니다. 오히려 현재에 집중하는 것은 우리의 희망과 다짐이 지닌 살아 있는 힘을 가장 생생하고도 직접적인 방식으로 다시 발견하는 길이다. 우리는 여전히 우리의 목표를 명확히 인식하고 있으며 실제로 그 목표는 현재에 방향과 의미를 불어넣고 설렘을 더해준다. 하지만 이제 그 목표는 우리를 다급하게 압박하는 존재가 아니라, 부드럽게 인도해주는 안내자다. 이 점에 대해서는 9장에서 다시 이야기하겠다.

우선순위가 높은 어떤 일을 마감이나 시간표의 압박에 지배되지 않는 회피 활동으로 진행할 때 우리는 한껏 역량을 발휘할 수 있다. 이 점을 입증하는 나의 사례를 소개해보려 한다. 나는 일반적으로 주중에는 하루 네 시간씩 글쓰기에만 완전히 몰두할 시간을 떼어놓는다. 이 시간 동안은 다른 업무를 하지 않고 덜 중요한 일들을 먼저 처리하고 싶은 유혹도 뿌리쳐서, 내게 가장 중요한 작업을 위한 시간을 마련하는 것이다. 이런 방식이 글쓰기에 도움이 될 때도 있지만, 그럼에도 결국 미루게 되는 날도 있다. 이 책을 쓰던 도중에 나는 미국에서 열리는 학회에 참석하게 되었다. 이 학회는 총 삼 주로 예정된 해외 일정 중 첫 행사였고 발표 준비도 제법 까다로웠다. 그런데 출국 며칠 전에 가벼운 통증이 수반된 좌골신경통을 진단받았다. 의사는 장시간 비행과 이틀간의 학회 참석이 증상을 악화시킬 수 있으니 출발을 일주일 미루라고 권했다. 예정에 없던 조직적 공백이 찾아온 것이다. 일정도, 책무도, 글쓰기에 대한 시간적 제약도 없이, 오직 지금만 존재하는 시간이었다. 평소 같으면 이런 상황에서 나는 곧바로 악몽 같은 미루기에 빠져들었을 것이다. 그런데 정반대의 일이 벌어졌다. 그 기간 동안 전에 없이 수월하게 작업에 몰두할 수 있었다.

이유는 명확했다. 내가 원래 해야 하는 일 대신 글쓰기를 시작했고, 무슨 일이 있어도 하루에 네 시간은 반드시 써야 한다고 스스로 정해둔 의무에서도 자유로웠기 때문에, 원고를 진전시켜야만 한다는 압박감이 잠시나마 덜어진 것이다. 책에 집중하지 못한다면 삶을 제대로 살지 못하는 거라는 불안감도 잦아들었다. 그렇게 일을 미루다가는 충족감을 느끼지 못할 거라며 자신을 채찍질하고 으르는 데서 벗어나, 그저 사고하고 자신을 표현할 수 있다는 특권에서 오는 기쁨이 나를 담뿍 채웠다.

이 경우에는 외부에 의해 강제된 환경이 내 안에 내재되어 있던 동기를 해방시켰다. 만일 이런 상태를 내 의지로 만들어 낼 수 있다면 어떨까?

그래서 나는 몇 주 동안 실험에 나섰다. 책 쓰기가 꼭 해야 할 일이 아니라 유쾌한 놀이, 즐거운 기분 전환, 마감 기한에 얽매이지 않는 자유로운 활동이라고 상상했다. 미루기를 극복하기 위한 대부분의 조언과는 정반대로 접근한 것이다. 그 덕분에 나는 내 과제가 미래에 어떻게 성취될지에 관한 끊임없는 고민을 내려놓고, 실질적 진전을 이루는 데 필요한 마음의 평화에 도달할 수 있었다.

마감 기한의 압박을 받으며 최우선과제에 전념하는 행위의 아이러니는, 해야 할 일이 아직도 산더미처럼 남아 있다는 사실을 끊임없이 생각할 때 동기는 오히려 꺾인다는 점이다. 마감 기한은 우리의 마음을 매일 매시간, 매분 매초 거침없이 흘러가는 시간에 대한 생각으로 채워버린다. 시간은 언제나 너무 빠르게 흘러서 과업을 제때 끝내기에 부족하다. 물론 마감 기한을 무시하려는 시도가 항상 효과적이지는 않으며 모두에게 맞는 것도 아니다. 하지만 이는 최우선과제가 지닌 파괴적인 긴박감과 인생을 매우 효율적으로 살아야 한다는 야망에 굴하지 않는 하나의 방법이다. 그리고 이 책이 세상의 빛을 보게 해준 방법이기도 하다.

그런데 이렇듯 상상력을 동원하여 우선순위를 낮추려는 시도가—마감 기한이 우리에게 떠안기는 불안과 미래의 성취만을 바라보는 삶에서 벗어나려는 노력이—별다른 효과가 없다면, 그땐 어떻게 해야 할까?

그럴 경우 과도한 중압감을 낮추는 방법이 하나 더 있다. 바로 자신이 해낸 일로 타인에게 인정받을 수 있을지에 너무 연연하지 않는 것, 만일 인정받지 못하더라도 지나치게 수치심을 느끼지 않는 것이다. 타인의 인정을 갈망하는 마음은 강력한 동기를 부여하지만, 과도할 경우 그만큼 강력하게 미루기를 유발한다. 심리학자 론다 피와 준 탱니는 이렇게 주장한다. "수치심에 취약한 사람들은 부정적인 평가를 특히 두려워하며⋯⋯ 지연시키고 회피하고 미룸으로써 '무시무시한 진실의 순간'을 피하려는 유달리 강한 동기를 갖게 된다."[3]

인정을 갈망하는 것(그리고 실패했을 때 느낄 수치심을 두려워하는 것)은 필연적으로 과업을 완수한 이후에 일어날 일을 걱정하는 것이다. 우리는 자신의 과업이 얼마나 인정받을지, 자신에게 어떤 지위를 가져다줄지, 혹은 기대에 미치지 못했을 때 경멸을 불러오지 않을지 불안해한다. 미래를 향한 이러한 불안은 우리가 지금 이 순간 과업에 몰입하지 못하도록 주의를 흩뜨리며, 소중한 과업을 단순히 남들의 박수갈채를 얻기 위한 수단으로 전락시킨다. 그렇게 그 과업은 더이상 온전히 우리 자신의 것이 아니게 된다. 우리는 진심으로 아끼는 대상과 나누는 특별한 친밀감을—황홀하고 사적인 고요함과 대화의 공간을—잃게 된다. 그리고 그렇게 우리를 예상치 못한 방향으로 이끌어줄 수도 있었던 기회를 잃는다. 현대인의 삶에서 이런 일은 비일비재하다. 우리는 지금 이 순간에 진정으로 존재하기를 포기하고, 미래에 주어질 보상을 위해 현재를 유예한다.

타인에게 인정받기 위해 우선순위를 추구할 때 불거지는 또 하나의 문제는, 남들이 우리를 어떻게 볼지를 통제하는 일이 사실상 불가능할 정도로 어렵다는 점이다. 눈길 한번 받는 것조차 우리 뜻대로 할 수 없다. 엘비스 프레슬리가 활동 초기에 여러 음반사로부터 숱하게 거절당했다는 사실은 잘 알려져 있다. 마찬가지로, J. K. 롤링의 『해리 포터』 1권도 출판사 열두 군데로부터 거절당한 뒤에야 독립출판사인 블룸즈버리에서 출간 승인을 받았다. 안네 프랑크의 일기 역시 출판사 열 군데에서 거절당했다. 스티븐 킹, 비틀스, 전화기를 발명한 알렉산더 그레이엄 벨 모두 처음에는 회의적인 반응과 거절을 맞닥뜨렸다.

남들에게 어느 정도 인정받고자 하는 것은 인간의 기본적인 욕구다. 단지 우리의 자질뿐 아니라 더 근본적으로 우리의 존재 자체에 대해—우리가 공동체의 구성원이라는 사실에 대해—인정받고 지지받고 존중받는 것은 아주 이른 유아기부터 우리의 자아를 형성하는 데 필수적이다. 하지만 인정을 향한 욕구는 큰 동력이 될 잠재력이 있는 만큼, 파괴적이고 끝없는 중독으로 변질되기도 쉽다. 인정은 더 많은 인정에 대한 갈망을 부른다. 아무리 성공한 사람도 인정 욕구가 전부 충족되었다고 느끼지 못한다. 따라서 우리를 가장 자유롭게 해주어야 할 인정은 오히려 우리를 타인의 기대와 변덕, 기호에 얽매는 일종의 감옥이 되고 만다. 우리가 아주 개인적인 차원에서 헌신하는 일들조차 타인의 인정을 얻어내기 위한 인질이 된다. 우리는 타인의 가치에 맞추기 위해 자신의 가치를 바꾸고 폐기하며, 자신의 자존감을 타인의 인정에 위탁한다. 그로써 아이러니하게도 본래 타인의 인정에서 얻고자 했던 자아감, 정체성, 자유를 모조리 잃는 것이다.

인정 중독을 떨쳐내는 건 어렵지만, 도움이 되는 방법이 하나 있다. 동류 집단에 속한 사람들의 인정이 아무리 화려해 보여도 알고 보면 매우 피상적이고 덧없을 수 있다는 사실을 인식하는 것이다. 현실적으로 대부분의 사람들은 남들이 뭘 하고 뭘 성취하는지에 그다지 관심이 없다. 자신의 욕망과 성공, 실패에 골몰하느라 바쁘기 때문이다. 가족과 직장, 즐거움과 고통으로 채워진 분주한 일상 속에서 타인을 진지하게 지켜보고 깊이 교유할 여유를 내기란 쉽지 않다. 설령 누군가에게 잠시 관심을 기울인다 해도, 그 관심은 이내 다른 성공을 거둔 다른 사람에게로 옮겨갈 것이다. 161년부터 180년까지 로마 황제를 지낸 마르쿠스 아우렐리우스는 명성에 대해 이야기하는 잠언에서 이렇게 말했다. "유사流沙가 쉼없이 다른 유사에 덮이듯이 우리의 삶에서도 우리가 행한 일은 그다음의 일들로 매우 빠르게 덮여버린다."[4]

　타인의 인정을 추구하는 일이 우리를 마비시킬 만큼 무의미할 수 있다는 건 시대를 초월하는 진리로서, 마르쿠스 아우렐리우스가 살던 시대만큼이나 지금 이 시대에도 유효하다. 소셜 미디어가 폭발적으로 확산되어 타인의 주목을 받을 기회가 많아졌지만 그 어느 때보다 개인주의가 심화된 지금은 더욱 유효할 것 같다. 18세기에 등장한 자율성 개념은 자신의 가치관과 정체성을 사회나 출생 신분에 의해 할당받는 게 아니라 스스로 정할 수 있다는 (또한 인생을 살아가며 반복적으로 다시 정의할 수 있다는) 축복을 낳았으나, 동시에 우리에게 심한 취약성을 안겨주기도 했다. 우리가 더 자율적일수록—다시 말해, 우리의 가치관이 다른 사람들과 다르면 다를수록—타인에게 원하는 인정은 우리가 개인으로서 자신을 누구라고 생각하고, 무엇을 중요하게 여기고, 무엇을 성취했는지에 정확히 정렬되어야 하기 때문이다. 타인의 인정에서 오는 만족감은 본디 덧없고 불안정한 것이다. 하물며 타인이 우리에게 꼭 맞는 정교한 방식으로 우리를 이해하고 지지하고 귀하게 여겨주어야 한다고 고집할 경우에는 더욱 요원해진다.

　물론 개인주의가 점점 더 심화되는 오늘날도 여전히 우리가 어떤 집단에 속한다는 이유만으로 인정받는 일은 있다. 봉건제는 종말을 맞았지만 타고난 계급, 인종, 가문으로 결정되는 지위마저 사라진 건 아니니까. 그러나 오늘날 우리는 자신을 무엇보다도 자율적인 존재로 여기므로, 우리라는 개인이 어떤 사람이고 어떤 존재가 되기를 선택했는지에 대해 타인에게 인정받기를 바란다. 태어날 때부터 명성과 인정을 누릴 수 있다는 대단한 특권을 타고나 그 혜택을 누리며 살아가는 유명인의 2세들조차 단지 부모가 누구인지에 기대어 이름을 알리고 인정받기를 바라지는 않는다. 그들 역시 다른 무엇보다도 자기 자신으로서 인정받고 칭송받기를 원한다.

그런데 여기서 문제가 생긴다. 자율성은 양날의 검이다. 누구나 자신만의 고유한 개성을 반영하여 자신에게 꼭 맞춰진 방식으로 인정받기를 원하고 기대하지만, 인정을 향한 경주 속에서 우리는 우리와 똑같이 남에게 주목받고 고유함을 인정받기 위해 개성을 갈고닦는 무수한 사람들과 다투어야 한다. 한편 우리를 인정해줄 수 있는 사람들 또한 자율적인 존재이므로, 우리와 마찬가지로 누구에게 가치를 부여할지 스스로 결정할 권리가 있다. 이는 곧, 그들이 우리를 인정하기는커녕 우리에게 눈길 한번 던지지 않는다 해도 그들의 자유라는 뜻이다. 우리와 관심사가 전혀 다른 사람, 우리가 중요하게 여기고 헌신하여 이뤄낸 일들이 취향에 맞지 않는 사람이 우리가 되기로 선택한 우리의 모습을 진심으로 인정해줄 거라고 어떻게 기대할 수 있을까? (이때 인정은 반드시 진실해야 한다. 진실성은 인정의 핵심 요소라서, 진실하지 않다면 인정은 무가치해지며 더 나쁘게는 타인을 조롱하거나 조종하는 수단이 된다.)

요컨대 자율성에 대한 숭배와 우리가 지닌 인정 욕구는 근본적으로 상충한다. 우리는 자율성을 숭배하면서 자신에게 정확히 맞는 방식으로 타인에게 인정받기를 간절히 원하지만, 우리를 우리에게 맞게 인정해줄 타인은 자기만의 고유한 가치관을 가지고 나름대로 선택을 내린다. 그리하여 우리는 우리 자신의 고유성이라는 사막에서 누구에게도 보이지 않고 들리지 않는 존재로 전락할 위험에 처하게 된다. 이런 상황에서는 자아 창조라는 과업을 포기하고 싶다는 강한 유혹에 시달리게 된다. 자신이 중요하다고 믿는 일을 추구하는 걸 그만두고 타인의 선호에 굴복하여, 자신을 인정해줄 가능성이 높은 사람의 입맛에 맞추어 목표를 다시 선택하고 싶어지는 것이다. 이러한 유혹에 대해서는 개인의 자율성이라는 이상을 처음 정립했던 사상가들 역시 명확히 인식하고 있었다. 장자크 루소(1712~1778)는 현대인이 "언제나 자기 바깥에 머물며, 타인의 평가 속에서 사는 법밖에 모른다"라고 탄식하며 현대인이 "오로지 타인의 판단에서만 자신의 존재감을 얻는다"라고 지적했다.[5] 18세기 제네바에서 이 명제가 사실이었다면, 우리가 살아가는 소셜미디어 시대에는 얼마나 사실이겠는가? 지금 우리는 우리가 알고 신뢰하는 사람들뿐만 아니라 수많은 낯선 이들의 시선 속에서 자신의 존재감을 증명해야 한다는 압박을 훨씬 심하게 느낀다.

이러한 굴레에서 벗어나는 유일한 길은, 타인에게 인정받길 원하는 갈망에 고삐를 채우는 것이다. 타인의 인정에 과도하게 매달리는 태도를 버리고, 인정을 받았을 때는 기뻐하되 인정받지 못하더라도 개의치 않도록 가능한 한 마음을 다잡는 것이다. 그래야만 자신만의 방식으로 자신만의 과업을 추구할 자유, 앞서 언급했듯이 자신의 과업과 새로이 친밀해질 자유가 생겨난다. 그러한 자유야말로 미루기를 극복하는 핵심이다. 자기 자신에게로 돌아가서 자신이 헌신하는 일 자체에서 기쁨을 찾을 자유. (운이 좋다면) 자신을 있는 그대로 바라봐주는 단 한 사람, "내가 여기 있잖아"라고 말해줄 한 사람의 존재에 만족할 수 있는 자유. 이런 자유에는 힘이 있다.

싱어송라이터 레너드 코언은 〈댄스 미 투 디 엔드 오브 러브 Dance Me to the End of Love〉에서 노래했다. "지켜보는 사람들이 다 사라진 뒤 당신의 아름다움을 보게 해줘요."

동시대를 살아가는 타인들에게 인정받고자 하는 욕구 외에도, 우리를 휘두르고 우리의 과업을 좌지우지하는 갈망이 한 가지 더 있다. 그것은 의미에 대한 갈망이다. 우리는 후대 사람들에게 인정받고, 우리가 살며 남긴 흔적이 사후에도 우리의 행적과 성품에 일종의 불멸성을 부여해주기를 원하는 지극히 인간적인 갈망을 가지고 있다. 우리는 죽음 앞에서 우리의 존재가 깡그리 지워지지 않기를 바란다. 이러한 갈망은 강한 동기를 북돋울 수 있지만, 한편으로는 미루기를 유발하는 요인이

기도 하다. 이러한 갈망을 충족시키기가 매우 어려우며, 우리가 중요하게 여기는 일이 우리 선에서 통제할 수 없을 만큼 부담스러운 것이고, 그 자체에서 즐거움을 얻기란 힘겹다는 사실을 깨닫게 해주기 때문이다.

사람들은 온 세상의 문화만큼이나 다양한 형태로 불멸을 추구해왔다. 고대의 전사처럼 영웅적인 위업을 거두거나, 과학적 발견부터 공학적 성취, 문학, 건축에 이르는 창조적 업적을 세움으로써 세상에 남는 방법이 있다. 또는 누군가를 사랑하고 누군가에게 사랑받은 흔적으로 세상에 남을 수도 있다. 자녀들의 삶과 기억 속에, 우리를 기억할 배우자나 반려자나 친구들과의 관계 속에, 미래 세대를 위해 세상을 더 나은 곳으로 만드는 이타적 행위나 봉사와 같은 흔적 속에 남을 수도 있다. 어쩌면 지금과 같은 소셜미디어 시대에는 수많은 경쟁자들을 제치고 시선을 끄는 극단적이고 파격적이며 화려한 삶의 방식, 행동, 외침, 도발적인 발언으로 남을 수도 있으리라. 우리의 소망은 단지 이번 생에서 자아실현을 위해 '최상의 자아'로—혹은 가능한 한 남들의 눈에 띄는 자아로—사는 것에 머물지 않는다. 우리는 세상을 떠난 뒤에도 직계 후손 몇 사람뿐 아니라 여러 후세인의 기억 속에 우리의 고유한 존재를 기리는 자리를 확보하길 원한다.

이러한 소망 역시 본질적으로 인정을 받으려는 욕구이기에 우리에게 강한 동기를 부여할 수 있다. 하지만 여기서 동기를 얻으려면 이 소망이 정말로 실현될 가능성은 지극히 미미하다는 점, 설령 실현된다 하더라도 우리의 유산이 후대의 기억 속에서 왜곡 없이 보존될 가능성은 더더욱 낮다는 점에 너무 연연하지 말아야 한다. W. H. 오든이 위대한 시「W. B. 예이츠를 기리며」에서 경고하듯, 예이츠는 세상을 떠난 순간부터 평생 그가 쌓은 업적이 해석되는 방식에 대한 통제력을 완전히 잃었다. 그는 "그를 찬미하는 사람들의 소유"가 되었고, 다른 사람들의 생각에 맞추어 변화했으며, 그의 엄청난 업적은 "백 개의 도시 사이로 흩어져/ 낯선 애정들로 완전히 넘어갔다". 오든은 의미심장하게 덧붙인다. "죽은 자의 말은/ 산 자의 뱃속에서 변형된다."[6]

안타깝게도 우리가 나이가 들면서 무언가 의미 있는 흔적을 남길 시간이 줄어들수록, 우리의 삶이 후대에 의해 잊히거나 난도질당하여 사실의 파편으로만 남을 가능성은 더욱 또렷이 다가온다. 설령 우리가 이뤄낸 일들이 우리의 사후에 명맥을 이어나간다 해도, 그 일들은 우리를 찬양하거나 폄하하는 사람들에게 받아들여지고, 소화되고, 나름대로 재해석을 당할 것이다. 우리는 유한한 존재로서 우리를 기다리는 이러한 현실을 부정하려 들 수도 있지만, 그러기엔 맞설 수단이 허술하다.

산 자의 뱃속에서 변형되든 그렇지 않든, 우리에 대한 생생한 기억은 우리가 세상을 떠난 뒤 길게 잡아도 서너 세대를 넘기기 어렵다. 우리를 기억하는 후손들은 이내 무수히 많은 미래 세대에게 자리를 내줄 것이다. 그들에게 우리의 업적은 영 낯설거나 전혀 흥미롭지 않을 수 있고, 우리 때와는 달라진 그 시대의 가치관에 비추어볼 때 무의미하거나 심지어 혐오스러 울지도 모른다. 아무리 획기적인 창조자들도 세상을 떠나면 즉시 빠르게 잊힌다. 해당 분야의 전문가가 아니라면 항생제, 우주 로켓, 제트기 발명가의 이름을 아는 사람이 얼마나 될까? 생전에 전설로 불렸던 예술가, 가수, 작곡가, CEO들의 이름은 또 얼마나 남아 있을까? 불과 수십 년 전의 정치 지도자들, 역사 속의 왕과 여왕들, 세계적인 자선단체의 창립자들, 과거 베스트셀러 작가들 중에서 현재까지 널리 기억되는 이가 얼마나 될까? 내가 아는 어떤 소설가는 거의 백 년 전인 1931년에 뉴욕 타임스 베스트셀러 리스트가 만들어진 이후 작성된 목록을 모두 살펴보았는데, 목록에 오른 작가들의 반 이상이 작품을 읽어보기는커녕 이름조차 처음 듣는 사람이었다고 한다. 어떤 저명한 약리학 교수는 내게 역대 노벨 생리의학상 수상자들 가운데 사망한 이들은 물론이요, 살아 있는 사람들의 이름조차 다 읊지 못하겠다고 털어놓았다. 마르쿠스 아우렐리우스는 이 사실을 간명하게 표현했다. "한때 명성을 떨쳤던 얼마나 많은 사람들이 지금은 망각에 파묻혔는가? 그들의 명성을 찬양하던 수많은 이들 또한 이제는 자취조차 없구나!"[7]

그토록 위대한 인물들조차 기억에서 사라져 무명의 존재가 된다면, 우리 대다수가 죽은 뒤 순식간에 흔적 없이 사라지리라는 사실은 두말할 필요 없이 분명하다. 아무리 인상적인 유산을 남긴대도, 이름이 어느 한구석의 유명한 인물 명단 같은 곳에 새겨져 간간이 지나가는 이의 시선에 의미 없는 정보로 우연히 포착된대도, 우리는 종국에는 잊힌다. 그러니 우리에게 의미 있는 일을 하면서 이로써 후대에 이름을 남기겠다는 희망을 품는 것은, 확실히 무의미한 망상이다.

이런 현실을 인식하고 받아들일 때 우리는 즉각적인 힘을 얻는다. 후대의 인정에 연연하지 않는 일은 우리와 같은 시대를 살아가는 타인들에게 인정받겠다는 집착을 내려놓는 것과 동일한 효과를 발휘한다. 우리는 타인에게 인정받아야만 자신을 인정할 수 있다는 믿음에서, 우리의 삶을 판단할 권한을 타인에게 내주었다. 인정에 연연하지 않는 것은 그 권한을 되찾는 선택이다. 어떤 의미로는 그로써 우리의 존재 자체를 회복하게 된다. 알지도 못하는 타인에게 위탁해왔던 우리의 존재, 우리의 인식, 나아가 어느 선까지는 우리의 현실마저 회수하게 된다. 그렇게 자기 자신에게로 돌아올 때, 자신의 삶을 스스로 써내려갈 힘이 새로이 샘솟는다.

이런 자족성이 주는 해방감은 서구 사회에서 전지전능한 신을 추방하고 얻어낸 자유와도 닮아 있다. 과거에 사람들은 전지전능한 신이 개인 각각의 가장 깊고 은밀한 내면까지도 사랑으로 지켜보고 수용하는 당연한 존재라고 여겼다. (그 사랑은 무조건적으로 주어지거나, 혹은 신의 명령에 대한 복종을 조건으로 보장되는 것이라고 믿어왔다.) 게다가 그러한 이해와 수용은 현재에 국한되는 것이 아니라 영원하다고 여기곤 했다. 그러나 오늘날 개인은 점차 신의 거창한 약속에서 인생의 방향을 찾지 않는다. 오히려 신의 인정으로부터 독립하겠다고 나서서, 그에 따르는 내면의 감정과 욕망에 대한 집요한 감시와 심판에서도 벗어나려 한다.

신에게 인정받는다는 안정감을 포기한 결과, 우리는 자신을 무심한 우주 속의 덧없는 먼지로 보게 되었다. 이러한 우주적 규모의 그림에 블레즈 파스칼(1623~1662)을 비롯한 많은 이들이 공포를 느꼈지만, 반대로 니체나 20세기의 작가 알베르 카뮈처럼 전율을 느낀 이들도 수없이 많다. 파스칼이 말했듯, "내가 그것에 대해 아무것도 알지 못하고, 그것 또한 나에 대해 아무것도 알지 못하는 무한한 공간의 광막함"[8] 속에 홀로 존재하는 인간의 모습에서는 전통적으로 신을 향했던 경외감에 필적하는 공포와 숭고함이 느껴진다. 현대에 들어 자연에 대한 과학적 탐구로써 일상 경험이나 개념으로는 거의 접근할 수 없었던 기묘한 사실들이 드러나고 원리적으로 해결 불가능한 신비들이 밝혀지자, 이러한 경외감은 한층 더 커졌다. 우주 앞에서 인간이 얼마나 하찮은 존재인지 묘사하는 현대 사상가들의 표현에서는 생생한 쾌감이 느껴진다. 칼 세이건은 인류를 "아침 하늘의 먼지 입자"에 비유했고, 스티븐 호킹은 "백억 개 은하 중 하나의 외곽에 위치한 대단히 평균적인 별 주위를 도는, 중

간 크기 행성 위의 화학적 찌꺼기"라 일컬었다.[9]

인간에게 전혀 관심이 없는 무의미한 우주를 정면으로 마주하는 우리의 보잘것없지만 당당한 모습은 묘하게도 기운을 북돋는다. 그리하여 우리는 다시 우리에게 주어진 도구를, 즉 우리의 재능과 능력과 세상에 의미 있는 거처를 만들고자 하는 지극히 인간적인 열망을 활용할 수 있게 된다. 개인을 넘어 하나의 공동체로서, 나아가 수십억 개 행성 중 하나에 고립된 종으로서 우리는 다시금 힘을 얻는다. 우주 앞에서 미약한 인간의 모습은 우리에게 근원적인 자유의 감각을 불어넣어, 우리가 짧은 일생조차 진정한 자기 자신으로서 살지 못하도록 방해하는 미루기를 극복하게 해주는 추진력이 될 수 있다.

이처럼 동시대 및 후대 사람들의 기대와 인정에서 벗어남으로써 우리는 우리가 가장 중요하게 여기는 과업에 대한 부담을 덜 수 있다. 그렇다면 우리가 우리 자신에 대해 품은 기대를 내려놓는 것도 동기를 북돋는 하나의 방법이 될 수 있을까? 더 구체적으로 말하자면, 파괴적인 완벽주의에서 벗어남으로써 부담을 덜 수 있을까?

이때 '파괴적인 완벽주의'가 가장 중요한 과업의 달성 기준을 도무지 실현 불가능할 만큼 높이 세우는 것을 의미한다면, 이 질문의 대답은 단연코 '그렇다'이다. 어떤 과업이 너무나 소중해서 착수하는 순간부터 기준을 지나치게 높게 잡든, 아니면 과업을 달성하는 지점에 가까워질 때마다 이보다 더 잘해내야 한다는 생각에서 눈이 높아지든, 이런 완벽주의는 미루기의 주요한 원인(이자 구실)이다. 우리는 실패할 게 두렵다. 그래서 우리를 기다리고 있을 실망과 수치심을 피하기 위해 실행을 미루는 길을 선택한다.

예를 들어, 만일 글을 쓸 때 방금 쓴 문장이 흠잡을 데 없이 정확하고 독창적이며 생생하고, 잘 다듬어져서 전체 내용과 설득력 있게 어우러졌다고 판단한 뒤에야 다음 문장으로 넘어간다면, 글쓰기는 틀림없이 막힐 것이다. 가까스로 조금 글을 썼다 하더라도 문장 하나하나가 딱딱하고, 억지스럽고, 지나치게 공들인 느낌이 들어서 결국은 많은 부분을 손보아야 할 것이다. 그런데 이렇게 기준을 높이 세워둔 상태에서는 수정본 역시 눈에 찰 턱이 없다. 이제부터는 미세한 부분을 거듭 고치고 실망하기를 반복하는 비생산적 악순환에 빠지게 된다. 글을 쓰다가 막힌 부분을 하나하나 다듬는 동안, 앞으로 채워야 할 방대한 분량은 그대로 남아 있다. 그걸 전부 써낼 수 있을지 덜컥 겁이 난다. 이런 압박감은 사람을 단순히 마비시키는 것을 넘어 중증의 번아웃에 빠뜨릴 수 있다.

완벽함을 추구하는 태도는 일과 관련된 과제로 국한되지 않는다. 연애 관계에서도 완벽주의를 쉽게 찾아볼 수 있다. 어떤 커플은 몇 년을 사귀면서도 서로 떠보는 단계에서 더 나아가지 못한다. 상대방에게 객관적으로든 주관적으로든 결점이 있는 걸 발견했거나, 혹은 나중에 발견할까봐 신경이 쓰이기 때문이다. 누군가와 인생을 함께하는 일에는 경제적 어려움, 질병, 노화와 같은 예측 불가능한 취약성과 책임감이 수반된다. 그로 인해 커리어를 쌓거나 세상을 자유롭게 탐험하고 싶은 욕망처럼 자신의 다른 소중한 것들이 방해받을까 염려가 든다. 그렇게 그들은 끝없이 이어지는 "예스"와 "노"와 "글쎄" 사이에서 괴로워한다. 상대가 자기 인생의 사랑이라고 믿으면서도 물리적으로든 심적으로든 거리를 둔 채로 계속해서 결정을 미루며 망설인다.

그 상태로 관계 정립을 포기해버리는 일도 있다. 그렇다고 해서 문제가 마무리되지는 않는다. 우리의 가장 깊은 욕망과 관련된 미루기가 으레 그러하듯, 관계 정립을 미룬다고 해서 선택을 영원히 회피할 수 있는 건 아니다. 그뒤로 여러 해 동안 우리는 과연 그것이 올바른 선택이었는지 끊임없이 고민하게 된다. 우리가 진실을 알면서도 겁쟁이처럼 행동한 건 아닐까? 세상은 완벽함에 우호적인 곳이 아니라는 걸, 이상은 대개 우리의 상상 속에서나 살아남는다는 걸, 미래는 예측할 수 없으며 통제될 수도 없다는 걸, 현실과의 타협 없이는 어떤 것도 이루어질 수 없다는 걸 우리는 잘 알면서도 미룬 게 아닐까.

완벽주의는 아마 머나먼 옛날부터 미루기를 부추겼을 것이다. 하지만 연구에 따르면 최근 수십 년간 완벽주의와 미루기가 둘 다 급격히 증가했다고 한다. 심리학자 토머스 커런과 앤드루 P. 힐은 "성과, 지위, 이미지가 한 사람의 유용성과 가치를 규정하는 세상에서, 완벽한 자아에 대한 비합리적인 이상은 바람직한 것을 넘어 필수적인 것이 되었다"라고 말한다. 그들은 1989년부터 2016년까지 이십칠 년간 사만이천 명에 달하는 미국, 캐나다, 영국의 대학생들에게 설문한 결과, 문화적 기대에 의해 형성되고 부모, 또래집단, 엘리트 교육기관에 의해 내면화된 "사회적으로 규정된" 완벽주의적 태도가 무려 32퍼센트나 증가했으며, "자기지향적 완벽주의"도 10퍼센트 증가했다고 밝혔다.[10] 완벽주의가 미루기를 증가시킬 가능성이 높다는 사실은 완벽주의가 자신에게 중요한 과업을 실행하고자 하는 의지의 효과를 크게 떨어뜨린다는 것을 보여주는 다른 여러 연구에서도 확인된다.[11]

완벽주의에서 기인한 미루기를 해결하는 방법은 명백해 보인다. 달성하지 못할 게 분명한 기준들을 낮추는 것이다. 그리고 자신에게 이렇게 말하는 것이다. "비현실적인 완벽함을 추구하는 건 이제 그만두자! 내가 지금 할 수 있는 안에서 최선을 다하면 그걸로 충분해!"

이 말은 확실히 옳다. 그러나 완벽주의의 문제는 단지 도달 불가능한 기준을 세움으로써 사람을 마비시키는 것만이 아니다. 완벽이라는 개념 자체가, 다시 말해 어떤 목표를 더 나아질 여지가 없을 만큼 잘 달성할 수 있다는 생각 자체가 망상일 수 있다. 예를 들어 완벽한 가수를 모든 면에서 상세하고도 명확하게 정의할 수 있을까? 이론적으로 "이제 나는 완벽한 가수야. 나도 그렇고 다른 누구도 이보다 더 잘할 수는 없어!"라고 확언하는 시점에 도달할 수 있을까? 혹은 "이제는 이 노래를 완벽하게 불러!"라고 말할 수 있을까? 마찬가지로 우리는 완벽한 문장, 완벽한 연인, 완벽한 정원이 어떤 모습인지 안다고 생각할지도 모른다. 적어도 그런 것을 마주치면 알아볼 거라고 생각할 수 있다. 하지만 내가 정말 그럴까? 실제로 알아볼 수 있을까?

물론 어디서든 이런저런 흠을 찾을 수는 있다. 언제나 개선할 여지는 있게 마련이다. 하지만 그것이 곧 내게 완벽한 무언가를 그린 명확한 청사진이 있다는 뜻은 아니다. 연인에게서 결점을 발견하고 관계를 끝내는 사람들은 정작 자신이 진정으로 원하는 것이 무엇인지, 무엇이 자신을 완전히 만족시킬지는 정확히 모르기 일쑤다.

많은 완벽주의가 본질적으로 모호하다는 사실은 연구자들이 완벽주의를 정의하는 방식에서도 드러난다. 예를 들어 한 심리학자 집단은 "완벽주의는 대체로 지나치게 높은 개인적 기준과 과도하게 비판적인 자기평가가 결합된 것으로 정의된다"라고 말한다.[12] 또다른 연구자들은 "완벽주의가 자기 자신을 향할 때, 개인은 완벽해지는 것에 비합리적인 중요성을 부여하고, 자신에게 비현실적인 기대를 걸며, 자기를 가혹하게 평가한다"라고 말한다.[13]

그러나 '지나친' '과도한' '비합리적인' '비현실적인' 같은 말들은 모호하여 유용성이 떨어진다. 이 점에서 완벽이라는 개념은 무한이라는 개념과 닮았다. 직관적으로는 의미가 와닿지만, 막상 들여다보면 속을 모르겠다.

고대 철학자 아리스토텔레스에게 완벽함이란, 자기가 속한 유형의 완전한 사례가 되는 것을 의미했다. 가령 완전한 인간이나 완전한 플루트 연주자, 완전한 의사가 된다는 건 그 유형의 다른 누구보다도 나은 존재가 된다는 뜻이다. 아리스토텔레스의 표현을 빌리자면, 완벽이란 "탁월함과 선함에 있어 자신의 유형 안에서 능가될 수 없는 것"을 뜻한다.[14] 하지만 이 조건을 어떻게 구체화할 수 있을까? '완성된' 혹은 '완벽한' 나란 어떤 모습일까? 나라는 개인으로서 그리고 '호모 사피엔스'라는 종의 일원으로서 더 나아질 수 없는, 그런 나일까? 우리가 그런 나를 목표로 나아간다면, 그 과정에서 툭하면 멈춰 서고 미루게 되는 건 당연한 일이리라.

프랑스의 사상가 콩도르세 후작과 같은 18세기 유럽 계몽주의의 여러 선구자들 역시 아리스토텔레스와 비슷하게 다소 이상적인 태도로 인류가 완벽해질 가능성을 이야기했다. 사실 인간은 무수히 많은 이유로 완전해질 수 없다. 사전에 규정된 완벽함이라는 이상은 매우 편협하고 제한적이다. 인간은 잔혹함·편협함·자만심·배신 같은 고질적인 성향을 지녔으며 현실을 부정하고 자신을 합리화하는 엄청난 능력까지 갖췄으니, 그

이상과는 거리가 멀다. 그러나 계몽주의의 지적 후계자들은 완전함을 추구한다는 과업을 결코 완전히 포기하지 않았다. 같은 맥락에서 지난 삼백 년 동안 수백 권의 책을 통해 이상적인 부모가 되는 법에 대한 이런저런 해답이 제시되어왔다. 그 덕분에 우리는 자녀 양육, 특히 자녀의 도덕적·정서적 교육을 완벽히 수행할 수 있는 기술로 여기게 되었고, 결과적으로 부모들은 실현 불가능한 묵직한 부담을 일상적으로 짊어지게 되었다.

그렇다면 우리는 왜 미루기라는 심각한 대가를 치르면서도 완벽함이라는 허상의 목표를 계속 붙들고 있는 걸까? 그것은 우리가 우리의 최우선 과업에 가치를 부여하며, 어떤 과제가 우리에게 가치가 클수록 그만큼 더 높은 기준을 설정하기 때문이다. 보다 넓은 범위에서 가해지는 문화적 압박 역시 또하나의 이유로 작용한다. 커런과 힐의 조사 결과가 시사하듯, 오늘날 특히 만연한 문화적 압박은 부모와 교육기관에서 기인한다. 부와 지위를 비롯한 모든 형태의 성공을 개인의 노력과 재능에만 귀속시키며 치열한 경쟁을 일으키는 오늘날의 능력주의 사회도 압박을 부채질한다. 세번째 이유는 우리가 삶에 본질적으로 내재된 취약성을 통제하려는 욕구를 가지고 있기 때문이다. 특히 이 장의 앞부분에서 다룬 바와 같이 우리는 타인의 시선에 매우 취약하여 타인에게 거절당하거나 무시당할 가능성에 흔들린다. 정신과 의사 앨런 맬린저에 따르면, 완벽주의의 핵심에는 다음과 같은 잘못된 믿음이 존재한다.

나는 언제나 흠잡을 데 없이 유능하게 행동해야 하며, 올바른 선택과 결정을 내려야 하고, 중요하게 여겨지는 모든 일에서 뛰어나면서, 어떤 일에서도 틀렸다는 평가를 받아서는 안 된다. 나는 나의 가치관, 태도, 의견을 포함한 중요한 개인적 특성 모두에서 비판받지 않는 존재가 될 수 있으며, 그렇게 되어야만 한다. 그럼으로써 나는 실패, 비판, 거절, 굴욕과 같이 참기 힘든 것들로부터 나 자신을 전적으로 보호할 수 있을 것이다.[15]

이러한 통제 욕구는 우리가 스스로를 완벽주의자라고 여기고자 하는 또다른 동기와 관련된다. 그 정체는 바로 자존심이다. '나는 기준이 워낙 높은 사람이다. 내가 세운 기준을 완전히 달성하지 못하고 타협할 바에야 그냥 이 상태에 머물면서 지금까지 내가 해놓은 부분을 완벽하게 다듬을 때까지 붙들고 있는 게 낫다.' 이런 식으로 생각하면, 기분이 우쭐해진다. 과업 자체를 잠시 쉬면서 재충전한 후 다시 돌아오겠다거나 그냥 포기하겠다고 생각하기도 한다. 어떤 일을 제대로 해내지 못하느니, 아예 노력을 기울이지 않는 편이 내 자존감에는 더 유리하다. 나는 자신이 세운 기준을 두고 타협하는 사람들과는 다르다. 내가 일을 미루는 까닭은 내가 너무나 성실하고 고결하기 때문이다. 그러니 나는 숭고한 이상을 실현하지 못한 자신을 경멸할 용기가 있는 사람으로서 나 자신에게 존중받을 수 있다. 니체가 이를 절묘하게 표현했다. "자기 자신을 경멸하는 자는, 경멸하는 주체로서 자기 자신을 여전히 존경하고 있다."[16]

하지만 완벽을 모색하기 위해 일을 미루는 행위는 사실 겸손을 가장한 자만심의 산물로서, 사람을 마비시키고 우울하게 만든다. 미루기는 아무런 결실도 만들어내지 않으므로 최선의 결과를 낳기는커녕 그저 그런 수준에도 미치지 못한다. 결국 미루기는 삶의 우연성을 통제하는 방법이 아니며, 자신이 취약하다는 불안감을 피하게 해주지도 못한다. 오히려 미루는 사람은 훨씬 심한 불안을 느끼고 자존감을 다치며 타인에게 낮은 평가를 받기까지 한다. 그리하여 완벽주의자들은 어차피 실패할 거라고 확신하고선, 자신이 가장 이루고자 하는 목표를 시작조차 하기 전에 포기해버리기 일쑤다. 또한 그들은 자신이 실패하는 모습을 볼 수도 있는 사람들과 관계를 맺는 일 자체를 기피한다. 맬린저의 표현을 빌리자면 이들은 결국 "안전함에 대한 보장이라는 허상을 좇는 과정에서 충족감, 생산성, 창의성, 친밀감, 자발성"을 희생하게 된다.[17]

완벽주의자는 그 많은 것을 포기하면서도 허상에 대한 모색을 그만두지 않는다. 그 과정에서 그들이 마주하는 건 겉보기엔 말쑥해도 생명력이 결여된 결과뿐이다. 이러한 교훈을 보여주는 좋은 사례가 있다. 1927년부터 1929년 사이에 루트비히 비트겐슈타인은 빈에 누이동생을 위해 집 한 채를 설계하고 건축했다. 비트겐슈타인은 대단히 까다로운 철학자였기에 그냥 훌륭한 정도의 집은 그의 기준에 미치지 못했다. 그는 이렇게 말했다. "나의 관심사는 단순히 건물 하나를 짓는 것이 아니라…… 세상에 지어질 수 있는 모든 건물의 토대를 확인하는 것이다."[18] 사회학자 리처드 세넷은 그의 야망에 대해 이렇게 말한다. "이보다 더 거창한 기획을 상상하기는 어렵다. 이 젊은 철학자는 모든 건축의 본질을 이해하고, 모범적이면서 완벽한 건물을 세우겠다는 과업에 착수했다……"[19]

결과적으로 이 건물은 (노르웨이 시골에서 집필용으로 사용한 오두막 한 채를 제외하면) 비트겐슈타인이 평생 동안 설계한 유일한 건물이 되었다. 그는 건물이 완벽해야 한다는 자신의 마음속 그림에 거의 끝없이 집착했다. 조카 헤르미네 비트겐슈타인의 회고에 따르면, "완공된 건물 청소를 막 시작하려던 시점에 삼촌은 큰방의 천장을 3센티미터 더 높이라고 지시했다". 이 극미한 조정에는 막대한 비용이 드는 대규모 구조 변경이 수반되었다.[20]

비트겐슈타인은 수년 뒤 그러한 완벽주의의 결과로 만들어진 것이 "원초적인 생명력"이 결여된 건물이었다고 당시의 일을 회상했다. 1940년에 쓴 자필 메모에서 그는 자신이 설계한 창조물을 가차없이 비판하면서 그 건물이 "건강이 결여"되어 있으며 그저 "예의바를" 뿐이라고 썼다.[21] 그의 건물이 올바르긴 해도 어떤 의미에서든 완벽함과는 거리가 멀다는 뜻이었다. 리처드 세넷의 말처럼, 비트겐슈타인은 "집요함으로 건물을 일그러뜨렸다".[22]

이 이야기의 교훈이 무엇일까? 완벽한 결과물을 만들기 위해 사전에 세부적인 부분을 낱낱이 규정해야 한다는 망상을 버려야 한다. 이는 개별 과업뿐 아니라 우리 삶 전체에 해당하는 진실이다. 완벽한 소설, 완벽한 바이올린 소리, 완벽한 항공기, 완벽한 탁자…… 아리스토텔레스의 말마따나 같은 분야에서 그 무엇도 이보다 더 낫거나 더 완전할 수 없는 완벽함은 세상에 존재하지 않는다. 그러니 경직된 청사진에 집착하기보다는, 각 단계마다 전체를 고려하여 조정 가능한 작업 계획을 세워야 한다. 우리가 마음에 품어야 할 것은 최종 결과물의 윤곽과 정신을 담은 하나의 밑그림이자 탈선이 가능한 일종의 지도여야 한다. 우리가 향해야 할 목적지는 오직 그곳을 향하여 노력하는 과정 속에서만 발견된다.

요컨대 완전히 정의되고 사전에 정해졌으며 더이상 개선될 수 없는 목표가 존재한다고 여기는 완벽주의가 위험한 건, 단순히 우리가 그 기준에 미치지 못할 경우 마비되기 때문만이 아니다. 완벽주의의 위험은 단지 개인의 한계를 무시하는 것에 그치지 않는다. 완벽주의의 진정한 위험은 그것이 어떠한 중요한 일, 프로젝트, 관계 등에서 고정된 관념의 감옥으로―때론 신기루의 감옥으로―작용한다는 데 있다. 완벽주의의 감옥에 갇혀 있을 때 우리는 실험과 진화, 개성, 즉흥성, 불규칙함, 재미, 예상 못한 것들을 모두 억누르게 된다. 완벽주의의 감옥은 우리를 단 하나의 경직된 길에 동여매고 그 길이야말로 '궁극'으로 가는 길이라고 착각하게 만든다. 그러나 진정한 완벽함은 과정 속에 있다. 진정한 완벽함은 우리가 타고난 대로—자신의 재능과 기질, 건강과 기력을 통해—지금 이곳에서 살아가면서 건축가나 음악가와 같은 어떤 형태의 삶을 산다는 것에 어떠한 의미가 있는지 평생에 걸쳐 고투하고 실험하고 수정해나가는 열정과 탐구 안에 있다.

어떤 일을 하든, 우리에게는 적당한 지점에서 멈출 수 있는 직관이 필요하다. 지금 이 순간 내가 할 수 있는 최선은 여기까지라고, 이 정도면 충분하다고 믿어야 한다. 그리고 그 지점에서 멈춰야 한다.

5

언젠가는 죽는다는 걸 기억한다

앞 장에서 우리가 가장 중요하게 여기는 일들을 미루지 않도록 그 일이 덜 중요하다고 상상해보자고 제안했다. 그 방법 중 하나가 우리가 죽은 뒤 후세에 유산을 남기려는 기대를 덜어내는 것이었다. 실제로 어떠한 명성이든 죽음 앞에서는 금세 지워져버리며, 결국은 우리가 한때 존재했다는 기억은 모조리 사라질 것이기 때문이다.

그러나 여기서 논의를 끝낸다면, 이야기를 절반밖에 하지 않은 셈이다. 인생의 종착지인 죽음을 인식함으로써 우리는 자신의 존재를 더욱 활기차게 느끼면서 삶을 더 진실하게 살아갈 수 있으며, 후세의 평가에 대한 집착을 내려놓고 중요한 일의 부담을 덜어낼 수 있다. 하지만 반대로 우리가 모든 선택과 행동의 끝을 규정하는 지평선으로서—또한 언제든 닥칠 수 있는 현실로서—죽음을 현재 의식에 극대화해 떠올릴 때, 우리의 최우선과제들은 더욱 묵직하게 느껴질 수 있다. 만약 우리가 언젠가는 죽는다는 사실을 진심으로 받아들이고 (정말이지 어려운 과제이긴 하다!) 내면에 충분히 깊숙이 스며들게 한다면, 우리가 우리 자신과, 삶을 구성하는 중요한 과제들과, 나아가 세상 전체와 맺는 관계는 달라진다. 그로써 우리는 새로운 활기를 되찾게 된다.

이게 무슨 의미일까?

가장 기본적으로는, 자신을 필멸의 존재로 인지하는 것이야말로 다른 사람들과 프로젝트들과 삶 자체에서 의미를 느끼는 핵심적 원인이라는 뜻이다. 내가 필멸의 존재이기 때문에 그런 것들이 중요해진다. 죽음의 불가피성이야말로 내가 의미 있는 것들에 헌신하도록 가장 큰 힘을 준다. 이 장에서 차차 이야기를 풀어나가겠지만, 자신을 필멸의 존재로서 인지한다는 것은 죽음을 당장의 현실과 거리가 먼 미래의 일로 여기며 받아들이는 것과는 다르다. 죽음을 그런 식으로 뜨뜻미지근하게 받아들인다 해도 동기를 얻을 수 있긴 하지만 그 효과는 잠시 뒤 사라지거나 간헐적으로만 나타난다. 우리는 그보다 몇 걸음 더 나아가서 죽음이 언제 어느 때든 찾아올 수 있다는 깊은 자각에 도달해야 한다. 죽음에 대한 이러한 자각만이 강력한 동기를 깨워내어 미루기를 극복하게 해준다.

위의 복잡다단한 주장을 몇 가지 단계로 나누어 설명해보겠다.

첫째로, 우리가 보통 죽음의 불가피성을 받아들이는 방식은 미지근한 범주에 속한다. 대부분은 "결국은 우리 모두 죽는다"로 대표되는—사실적이고, 도전적이며, 때론 두려움이 묻어나는—인정의 형태를 취하며, 사후세계나 고통 없는 내세와 같은 위안을 거부하는 태도와 결합되는 일도 있다. 그러나 이러한 방식으로 죽음을 인정하는 행위는 여전히 죽음을 추상에 가까운 영역으로 내쫓는다. 이럴 경우 죽음은 여전히 타인에게 일어날 때에만 실제 일어나는 일로 여겨진다. 그 타인이 우리가 너무나 깊이 사랑해서 그의 죽음과 더불어 우리 안의 일부가 죽어버리는 관계의 대상이 아닌 이상, 죽음은 여전히 남의 일이다. (장례식이 끝나고 식사 자리에서 때때로 감지되는 은밀한 희열을 어떻게 설명할 수 있을까? 솔직히 말하자면, 그 희열은 관 안에 들어 있는 사람이 자기 자신이 아니라는 안도감에서 비롯한다고밖에 설명할 수 없다.)

죽음이라는 현실을 받아들이는 또다른 미지근한 방식은 인생이 짧다는 사실을 생생하게 인식하려 노력하는 것이다. 그중 가장 훌륭한 방법을 꼽으라면 올리버 버크먼이 인생을 팔십 년이 아닌 사천 주로 재구성한 것을 들 수 있다. 만약 현재 마흔 살이라면, 운이 좋은 축에 속한다고 가정했을 때 앞으로 남은 시간은 고작 이천 주에 불과하다. 이 사실을 생각하면 우리가 원하는 모든 것을 결코 다 해낼 수 없으리라는 충격적인 깨달음이 든다. 무엇이 우리에게 가장 중요한 우선과제인지 정하고, 그것을 추구하는 데 집중해야겠다는 생각이 든다. 그런데 이런 깨달음이 그 중요한 일을 진정으로 충만하게 실천하는 데 필요한 동기를 제공할 수 있을까? 그리고 결정적으로, 그런 충격의 효과가 얼마나 오래갈까? 내 경우, 처음에는 분명히 효과가 있다고 느꼈다. 하지만 그 효과는 고작 며칠, 길어야 한 달 정도밖에 지속되지 않았다. 내게 남은 시간이 참담할 정도로 짧다는 사실을 아무리 자주 상기해도, 이내 약효가 떨어졌다. 단순히 죽음이 현실이라는 사실을 내면화하는 것만으로는 삶을 충만하게 살아갈 힘을 이끌어내기에 역부족이다.

죽음이 필연적으로 혼자 맞는 것이라는 고통스러운 현실도 이와 동일하다. 최후의 순간이 찾아왔을 때, 우리 대신 죽어줄 수 있는 사람은 없다. 다른 이들이 죽어가는 우리를 위로하거나, 세상을 떠난 우리를 애도하거나, 심지어 우리와 함께 자신의 일부도 죽었다고 느낄 수는 있겠지만 죽는 주체는 본인 한 사람뿐이다.

죽음을 이렇게 미지근하게 인정해서는 자신의 유한성을 충분히 절감하고 동기를 얻을 수 없다. 이러한 방식의 인정은 오히려 죽음에 대한 인식을 흐릿한 미래로 밀어낸다. 우리의 시간이 한정돼 있다는 사실을 이론적으로 '알려'주기는 하지만 현재에는 별달리 영향을 미치지 못하는 것이다.

죽음에서 동기를 얻으려면, 죽음이 우리의 삶에서 훨씬 더 밀접하고 즉각적인 역할을 해야 한다. 죽음을 마냥 멀게만 느껴지는 존재의 종착점이 아니라, 바로 여기에서 항시 존재하는 가능성으로 여겨야 한다. 내가 이해하기로는[1] 이것이 20세기 철학자 마르틴 하이데거의 심오한 통찰이었다. 하이데거는 우리의 삶이 그가 존재의 "절대적인 불가능성의 가능성"[2]이라는 이해하기 어려운 표현으로 칭한 대상을 밀접하게 인식함으로써 구조화될 때에만 진정한 삶이 되며, 따라서 우리를 진정한 개별성으로 갑작스럽게 밀어넣을 수 있다고 했다. 죽음은 한 시간 뒤, 하루 뒤, 십 년 뒤, 오십 년 뒤 언제든지 찾아올 수 있다. 예기치 않게 우리를 방문할 죽음에 대해 결연히 준비되어 있는 사람만이—그 죽음은 다른 무엇보다도 피할 수 없이 그 사람에게 주어지는 것이므로—비로소 자신이 되어 진정한 개인으로 살 수 있다. 덧붙이자면, 이러한 준비가 되지 않은 상태에서는 자율성에 대한 숭배가 진정한 개인성으로 나아가는 길을 열어주지 못하며 도리어 진정한 자신으로 살고 있다는 환상만 심어준다. 죽음을 진실로 받아들이지 못한 상태에서 우리는 익명의 대중이 떠드는 이야기와 걱정거리에 휩쓸려, 다른 사람의 우선과제에 맞추어 수동적으로 살아가게 된다.

하지만, 잠깐만 멈춰서 생각해보자. 우리가 언제든지 죽을 수 있다는 가능성을 곱씹다보면 오히려 공황에 빠져서 마비되는 건 아닐까? 죽음이 가까이 있다고 생각할 때 우리는 삶에서 진정으로 중요한 것이 무엇인지 알아내고 이를 추구할 동기를 얻어서 진정한 자신으로 살아가는 게 아니라, 오히려 낙담하고 체념하여 모든 노력과 선택의 의미를 잃은 나머지 아무런 목표나 쾌락에 달려들게 되는 건 아닐까? 그렇다면 우리는 더더욱 일을 미루고만 싶어질 것이다.

위의 질문에 대한 답은 '그렇다'이다. 다만, 죽음에 대한 인식이 공황에 빠진 카르페 디엠(지금 이 순간에 충실하라는 의미의 라틴어 경구이다—옮긴이)의 형태로 나타날 때만 그렇다. 공황은 폭발적인 활동을 유발할 수 있지만, 장기적으로 우리에게 중요한 일들을 끝마치는 데 필요한 집중력을 지속시키는 일은 거의 없다. 도리어 우리를 혼란하게 만들고 지치게 하며 마비시킨다.

그러나 앞에서 주장했듯, 언제든지 죽음이 찾아올 수 있는 현실과 관계 맺는 방법이 하나 더 있다. 그 현실과 격하게 친밀해지는 것이다. 그러면 우리는 내일 당장 삶이 끝날지도 모른다는 가능성 앞에서 공황에 빠져 허둥거리는 대신 평온한 주의를 기울일 수 있게 된다. 이 지점에 이르면 우리는 자신의 유한성을 마음 깊이 받아들임으로써 자신의 인생, 우선과제, 살아가는 매 순간에 의미와 정당성을 부여한다. 바로 지금 우리가 존재한다는 단순한 사실이 우리 인생에 너무나 확고부동하여 입증할 필요가 없는 의미를 부여한다. 그 의미는 우리가 지금 여기에 존재한다는 짜릿한 깨달음으로써 일상 속 우리의 모든 행동과 경험이 하찮아지거나 무의미해질 수 없도록 만든다.

이러한 깨달음의 상태를 말로 설명하기는 어렵다. 하지만 우리는 그 상태에 도달함으로써 죽음에 대한 미지근한 수용이 결코 해낼 수 없는 방식으로 강력하게 동기를 부여받을 수 있다. 반대로 죽음을 미지근하게 인정하면 오히려 동기가 약해지고 겁이 나서 미루게 될 수도 있다. 어떻게 그런 결과에 이르는지를 보여주는 개인적인 사례를 하나 들고자 한다.

십대 시절 나는 인생에서 어떤 중요한 선택을―특히 소명이나 배우자에 대한 선택을―해야 한다는 가능성만 생각해도, 당혹스럽게도 죽음이라는 두려운 환영이 떠올라서 어떤 형태로든 장기적으로 헌신하는 것을 기피했다. 그때 나는 내가 왜 이렇게 이상하게 반응하는 건지 궁금했다. 중요한 결정을 내리는 건 누가 보아도 자유와 삶의 징후이지, 죽음의 전조는 아닌데 말이다. 당시엔 선택이 필연적으로 다른 가능성들을 차단하며, 아무리 오래 살더라도 내가 갈망하는 모든 것을 다 해낼 수는 없다는 사실을 인식하고 두려워진 거라고 생각했다. 하지만 이내 깨달은바, 진짜 이유는 그게 아니었다. 내 삶의 방향을 결정지을 선택(그러니 적어도 처음 의도대로라면, 내가 죽을 때까지 지속될 선택)은 내가 나아가는 경로의 끝에 초라한 소멸만이 기다린다는 사실을 무참히 상기시켜준다. 무언가에 헌신하지 않을 때와 달리, 선택을 내릴 때 내가 나아가는 경로는 또렷해진다. 그로써 나는 시간의 불가역성을 직시하게 된다. 시간이 언젠가 내 존재의 소멸로 끝날 경로를 진행시키는 톱니바퀴라는 점을 깨닫는다. 하지만 과거의 나는 내가 실감한 필멸성을 곱씹으며 더 익숙해지려 하기보다는, 마냥 회피했다. 선택을 피하면 죽음의 환영도 피할 수 있다는 헛된 착각에 빠져든 것이다.

훗날 나는 마르틴 하이데거의 저작을 읽으면서 죽음을 이해하고자 하는 방식은 대부분 우리에게서 중요한 일들의 의미를 앗아가고 우리를 무기력하게 만든다는 걸 알게 되었다. 죽음을 안전하게 느낄 만큼 모호한 상태로 여기거나, '어차피 죽을 거라면, 내가 이루는 것들에 무슨 의미가 있는가?'라는 의문을 품으면 동기는 꺾이고 만다. 죽음이 궁극적으로 불가피하다고 인정하는 건 두려운 일이다. 하지만 죽음이 언제든 일어날 수 있다는 가능성에 몰두하는 것은 일종의 연금술처럼 작용하여, 죽음을 겁내는 마비 상태를 죽음에 대한 예기에서 비롯하는 영감으로 바꿀 수 있다. 죽음에 이 정도로 깊이 몰입해야만 우리는 본질적으로 자유롭지 않은 자아를 진정으로 자유로운 자아로 바꿀 수 있다. 하이데거에 따르면, 그리하여 자유로워진 자아만이 자유롭게 자신을 선택하고, 자유롭게 진정한 자신으로서 결정하고 행동하며, 그리하여 진정한 자신이 될 수 있다. 오늘 어떤 순간에든 죽음이 나의 모든 가능성을 종결시킬 수 있다는 가능성을 딛고 살아갈 때, 나의 모든 선택과 헌신이 어찌할 도리 없이 취약하다는 사실을 긍정할 때, 죽음에 대한 이런 태도는 비로소 미루기를 극복하게 해준다.

이제 이론에서 벗어나, 실제 사람들의 이야기를 들어보자. 자신이 필멸자라는 현실과 타협하지 않고 대면할 때—바로 지금 똑바로 현실을 응시할 때—어떻게 삶에 완전히 새롭고 생생한 활력이 더해지는 걸까? 자신이 언젠가는 죽을 운명이라는 현실을 원치 않게 직시함으로써 삶이 완전히 달라진 개인들의 증언은 그것으로만 도서관 하나를 채울 수 있을 것이다. 음악 저널리스트 팀 존즈도 그중 한 사람이다. 그는 고작 서른 살의 나이에 급성골수성백혈병이라는 충격적인 진단을 받고 "온 세상이 무너진" 기분을 느꼈다. 의사는 그에게 남은 시간이 몇 달밖에 되지 않을 수도 있다고 말했다.

그 순간 나는 깨달았다. 이제 삶을 시작할 시간이었다. 2018년 말에 받은 두번째 골수 생검 결과, 병은 악화되지 않았다. 암이 있든 없든, 시계는 모든 사람의 안에서 똑딱거린다. 이 사실을 새롭게 자각한 나는 진정으로 삶을 살기 시작했다. 일에 몰두했고, 다시 달리기를 시작했으며(단지 할 수 있다는 사실을 입증하고자 암에 걸리기 전에 세운 최고 기록을 깼다), 아주 사소하고 실없는 일 하나하나에서 엄청난 기쁨을 느꼈다. 슈퍼마켓에 가는 일, 아이를 어린이집에 데려다주는 일, 잔디 가장자리를 손질하는 일까지도 즐거웠다. 키즈카페에 가는 게 천국처럼 느껴졌다. 헬렌

제인은 다시 임신을 했다. 이번에는 쌍둥이가 아니었고 유산하지도 않았다. 아홉 달 뒤 우리는 기적처럼 찾아온 아기 테디를 맞이했다. 아기 레서판다를 닮은 테디는 시끄럽고 재미있는 존재다. 나는 그 애가 매일 새벽 네시에 잠을 깨워도 화가 나지 않는다.

나는 지금 예전에는 상상도 못했던 생활을 하고 있다. 만성 불치성 혈액암을 안고 행복하게 살고 있다. 어쩌면, 만성 불치성 혈액암 덕에 더 행복하게 살고 있는지도 모른다.[3]

일상적인 슈퍼마켓 나들이에서 엄청난 기쁨을 느낄 수 있다면, 자기 인생에 핵심적 의미를 더해주는 중요한 일을 추구하는 데에서는 두말할 필요 없이 그보다 훨씬 큰 기쁨을 느낄 것이다. 대단한 행운이 따라서 중요한 일을 추구할 수 있는 재능과 여건을 갖추고 있다면 더욱 그렇다.

삶의 한가운데에서 죽음을 정면으로 직시했을 때 찾아온 활력에 대한 이런 증언들, 죽음이라는 무참한 현실을 근거리에서 체험함으로써 과거에는 느껴보지 못한 생명력을 얻을 수 있었다는 증언들은 개인의 자서전뿐만 아니라, 우리가 '신화'라고 부르는 여러 원형적 이야기에도 존재한다. 신화 속 이야기들은 필멸의 운명을 타고난 평범한 인간과 거리가 멀게 느껴지지만 실은 그렇지 않다. 오히려 정반대인 경우가 많다. 신화는 시대와 문화를 불문하고 인간이라면 누구에게나 적용되는 근본적인 인간 경험의 구조에 목소리를 부여한다. 신화에는 인간이 인간으로 태어난 이상 필연적으로 죽을 운명이라는 사실 역시 담겨 있다. 이때 신화에 묘사된 특정 사건들이 실제로 일어났는지 여부는 중요한 것이 아니다.

기원전 8세기에 쓰인 것으로 여겨지는 호메로스의 『오디세이아』는 서구 문화의 기초를 이룬 텍스트 중 하나로, 트로이전쟁의 영웅이자 이타케의 왕인 오디세우스가 아내 페넬로페가 기다리는 고향으로 돌아가기까지 바다에서 겪는 험난한 여정을 묘사했다. 오디세우스는 십 년에 걸친 여정 동안 외눈박이 괴물 키클롭스와 스킬라와 카리브디스 같은 불길한 괴물들, 아주 견고한 배조차 파괴해버리는 폭풍과 거인들, 거의 무적에 가까운 냉혹한 불사신 키르케, 현혹적인 말과 달콤한 노래로 지나가는 이를 유혹해 죽이는 사이렌, 복수심에 불타는 바다의 신 포세이돈까지 수많은 존재에게 파괴당하고 죽을 위험에 처했다.

매혹적이고 기만적인 여신 키르케는 인간을 동물로 바꾸는 능력이 있었다. 그녀는 오디세우스를 자신의 소유로 만들기 위해 돼지로 변신시키려 했다. 꼬박 한 해를 그녀에게 붙잡혀 지낸 오디세우스는 마침내 그의 선원들 덕분에 정신을 차리게 된다.

충직한 나의 전우들이 나를 불러내 재촉하기를,

"선장님, 이건 미친 짓입니다!
이제는 제발 고향땅을 생각하십시오.
선장님의 진정한 운명이 살아 돌아가
잘 지어진 집과 고향땅에 이르는 것이라면 말입니다!"[4]

오디세우스는 키르케가 아낌없이 제공하는 성적 쾌락과 음식, 포도주를 거부하지 않았지만 계속 그 상태에 머무를 생각은 없다. 그는 고향과 가족을 그리워하며 키르케에게 자신을 떠나게 해달라고 애원한다.

내 마음은 이미 집을 열망하고 있고
다른 전우들의 마음도 마찬가지라, 그대가 우리 곁을 떠날 때마다
그들이 나를 둘러싸고 애원하는 것에 지칩니다.

결국 키르케는 오디세우스를 풀어준다. 하지만 오디세우스가 이타케로 향하기 전에, 죽은 자들과 만남을 가져야 한다고 그에게 이른다. 키르케가 명한 일은 단순히 '죽음을 수용'하거나 모두가 언젠가는 죽는다는 불가피성을 받아들이는 게 아니라, 훨씬 더 직접적으로 죽음의 현실을 직면하는 것이었다. 오디세우스는 그림자들의 땅인 지하세계로 내려가서 맹인 예언자 테이레시아스를 만나 지혜를 얻어야 했다. 그 지혜는 그가

삶으로 돌아와 다시금 새로운 힘으로 삶을 살게 해줄 것이
었다.

> 다른 여정이 그대들을 부르는군요. 그대들은 저 아래로 가
> 야 해요.
> 하데스와 무서운 페르세포네의 집으로 가서
> 마음이 흔들리지 않는 위대한 눈먼 예언자
> 테베의 테이레시아스의 혼백을 찾아서 물어봐야 해요.
> 페르세포네가 오직 그에게만, 죽음 이후에도 지혜를,
> 영원한 통찰을 주었으니까요……
> 다른 혼백들은 텅 비어 떠도는 그림자일 뿐이지요.

이에 충격을 받은 오디세우스는 키르케의 명령을 전우들에
게 전한다.

> 그대들은 우리가 집으로, 사랑하는 고향땅으로 가는 줄 알
> 겠지요.
> 그러나 키르케가 우리를 위해 정해둔 길은 전혀 다르군
> 요……
> 우리는 하데스와 무서운 페르세포네의 집으로 가서,
> 테베의 예언자 테이레시아스의 혼백을 찾아 물어보아야
> 합니다.

그리고 그는 이렇게 덧붙였다.

빠른 배가 세워진 바닷가로 우리는 돌아갔다.
마음은 깊은 고통에 잠기고, 얼굴은 눈물에 젖은 채로.

저승의 "끝없고 끔찍한 밤" 속에서, 그리스신화의 담대한 영웅 오디세우스는 그에게 아주 낯선 감정에 사로잡힌다. 그것은 바로 두려움이다. 그는 말한다. "셀 수 없이 많은 망자들이 무시무시한 비명을 지르며 내 주위로 몰려들었으며 나는 페르세포네께서 무서운 괴물 고르곤의 응시하는 얼굴을 하데스의 집에서 올려보내실까봐 파랗게 겁에 질렸다."[5]

테이레시아스의 지혜를 구하고자 저승에 들어선 오디세우스는 인간이라면 누구나 맞닥뜨릴 운명에 둘러싸인다. 이제는 죽음을 그저 외면할 수도, 그것이 머나먼 추상인 양 에둘러 말할 수도 없다. 오디세우스는 저승에서 망령들을 마주치면서 죽음의 공포를 확실히 체감한다. 고대 세계의 가장 위대한 영웅 아킬레우스조차 저승엔 기쁨이라고는 존재하지 않는다고 한탄한다. 죽은 자들의 왕이 되느니 차라리 가난한 자의 노예로서 살아 있는 쪽을 택하겠다는 표현에서 그의 마음을 알 수 있다. 오디세우스는 저승에서 아킬레우스를 알아보며, 또다른 유령을 보고 몸서리를 친다. 그 유령은 바로 오디세우스의 어머니다.

그는 자신이 자리를 비운 동안 어머니가 자신을 그리워하다가 돌아가셨다는 사실을 이때 처음 알게 된다.

서사시시대와 고전시대의 그리스인들은 죽음을 이렇듯 직접적으로 조우하는 것이 끔찍이 두렵긴 해도 복을 받는 길이며, 그후에는 새로이 선명해진 통찰력과 목적의식을 품고 삶으로 돌아갈 수 있다고 생각했다. 그들은 저승으로 내려가 활력을 되찾는 이러한 여정을 카타바시스katabasis라고 불렀다. 이 단어는 문자 그대로 '아래로 내려가다'라는 뜻이다. 이 여정이 우리에게 주는 교훈은 모든 희망과 도움과 가능성이 소멸된 곳에서 죽음을 정면으로 응시할 때, 다른 어떤 방식으로도 불가능할 만큼 삶에 친밀함을 느끼고 황홀감에 취하게 된다는 것이다. 실제로 죽음과의 조우는 종종 우리의 진정한 목표를 알아내고 이루는 데 필요한 전제조건으로 기능한다. 그런 이유에서 로마 및 중세 시대 이후의 많은 영웅들이 비슷한 여정에 올랐다. 대략 기원전 30년에서 19년 사이에 쓰인 베르길리우스의 『아이네이스』에서, 주인공 아이네이스는 지하 세계를 방문한 덕분에 로마를 건국할 자신의 운명을 알게 된다. 그뒤로 13세기가 넘는 시간이 흐른 뒤 단테는 신적 존재를 향한 여정을 이야기한 작품 『신곡』에서, 지옥의 여러 층을 지나며 수많은 망자들의 운명을 목격하는 것이 지극한 축복에 이르기 위한 여정의 필수 단계라고 말한다.

오디세우스 같은 고대의 영웅들이나 팀 존즈 같은 현대의 불치병 환자들은 지금 당장 닥칠 수 있는 가능성으로서 죽음을 가까이 마주한다. 대부분의 사람들에게는 죽음을 이렇게 대면하는 것이 허락되지 않는다. 아무리 뛰어난 공감 능력과 생생한 상상력의 소유자라 해도—물론 이 두 능력은 우리가 자신의 죽음을 마주하는 데 있어 결정적 역할을 하지만—그들만큼 죽음에 가까이 다가설 수는 없다. 하지만 삶으로 되돌아가서 새롭고 선명한 목적의식을 다지고 중요한 일을 추구할 기력을 얻고자 한다면, 우리는 그들의 본보기를 따라야 한다. 다시 말해 결연하게 자기 자신의 죽음을 예상해야 한다. 다른 사람들, 특히 사랑하는 사람들의 죽음을 외면하려는 습관을 버리고, 그들의 죽음을 계기로 우리 안에 죽음이라는 현실을 채워넣어야 한다. 그리고 언제든지 자신이 소멸할 수 있다는 가능성을 최선을 다하여 직면하고 삶을 살아가야 한다.

6

놀이 정신을 사수한다

만약 앞서 제안한 방법들로도 미루는 습관을 극복할 수 없다면 어떻게 해야 할까? 우선과제로 정한 일들의 중요도를 낮추어 덜 급박한 과업으로 재구성하고, 동시대인의 인정이나 후대의 좋은 평가를 비롯해 미래에 거둘 보상에 대한 집착을 줄이고, 완벽이라는 신기루에서 벗어났는데도 여전히 할일을 미룬다면 어떻게 해야 할까? 언제든 죽음이 닥칠 수 있다는 현실을 진심으로 받아들이고 중요한 일을 더 우선시하려 하는데도 여전히 충분한 동기를 끌어낼 수 없다면 어떻게 해야 할까? 잠깐은 행동할 마음이 들지만, 그 행동을 도저히 지속할 수 없다면?

이런 경우에는 어떻게 앞으로 계속 나아갈 수 있을까?

바로 이 지점에서 등장하는 것이 놀이 정신이다. 놀이 정신은 아마도 미루기에 대한 해독제 가운데 지속력이 가장 오래가는 것일 테다. 그 비결은 놀이가 즐겁다는 데 있다.

'놀이'를 한다는 것이 일을 천천히 하거나, 일을 덜 하거나, 규칙과 훈련을 무시하거나, 우리 인생에서 중요한 우선과제와 목적에 집중하지 않는다는 뜻은 아니다. 내가 말하는 놀이는 우리의 영혼을 소진시키는 생산성·목표·마감일 위주의 일 숭배에서 벗어난, 전혀 다른 방식으로 일하는 태도다. 놀이란 일 숭배와 정반대로 탐색적이고 즐거운 사고방식이며, 놀이의 상상력은 마비된 정신의 톱니바퀴를 느슨하게 풀어준다. 그 결과 우리는 인생을 할일 목록으로 생각하는 지루하고 경직된 관리 정신을 내려놓고 머리를 민첩하게 굴릴 수 있게 된다. 놀이는 중요한 일을 나 몰라라 하는 것이 아니라, 오히려 중요한 일을 추구하면서 그 안에서 자유로운 감각을 만들어내는 마음가짐이다. 일상적이고 평범한 루틴에서 잠시 벗어남으로써 오히려 그 루틴을 더 잘 통제하는 방법이라고도 할 수 있다.

영화 〈사랑의 블랙홀〉(1993)에서, 성격 나쁜 TV 기상캐스터 필 코너스(빌 머리 분)는 반복되는 일상에 갇힌 삶에서 벗어날 방법을 모색한다. 영화 속에서 그가 찾아낸 방법이란 일상에서 도망치는 것이 아니라 오히려 완전히 새로운 방식으로 일상에 관여한다는 점에서 바로 이 '놀이 정신'과 닮았다. 자초지종은 이러하다. 필은 윗선의 지시에 따라 프로듀서 리타(앤디 맥다월 분)와 함께 펜실베이니아의 작은 마을 펑크서토니로 가서 매년 열리는 그라운드호그데이(북미에서는 매년 2월 2일에 마멋의 움직임을 보고 봄이 언제 올지를 점치는데, 이날을 그라운드호그데이라고 부른다. 성촉절이라고도 한다—옮긴이) 축제를 취재하게 된다. 그런데 무엇 하나 마음에 드는 게 없다. 일이고 마을 사람들이고 축제고 다 필요 없이, 얼른 일을 마치고 떠나고 싶은 마음뿐이다. 그런데 하필이면 눈보라가 닥치는 바람에 그는 마을에 갇혀 하룻밤을 보내게 된다. 설상가상으로, 이튿날 아침 깨어나보니 2월 2일 그라운드호그데이가 다시 한번 반복된다. 다른 사람들에게는 여느 날과 다르지 않은 하루이지만, 필은 이 똑같은 하루를 두 번, 세 번, 아니, 무기한으로 반복해서 살아야 하는 타임 루프에 갇힌 것이다(대니 루빈이 집필한 원 각본에서는 이 하루가 만 년 동안 되풀이된다). 매일 아침 필은 똑같이 소니와 셰어의 〈아이 갓 유, 베이브I Got You, Babe〉를 들으면서 잠에서 깨어난다.

절망에 빠진 그는 술을 진탕 마시고 마을의 두 술주정뱅이와 함께 볼링장에 앉아서 질문을 던진다. "만일 당신들이 한곳에 갇혀 있고, 매일 똑같은 날이 반복되며, 당신들이 하는 어떤 일에도 의미가 없다면 무엇을 하겠어?"(권태로운 직장, 인간관계, 집안일에 갇혀본 많은 이들이 비슷한 경험을 해보았을 테다.) 그들은 간단히 답한다. 하고 싶은 대로 하라고. 무슨 일이든 즐거운 걸 찾아보라고. 당신이 하는 어떤 일에도 지속적인 결과가 따르지 않는다면, 순간적 쾌락을 얼마든지 즐길 수 있지 않느냐고. 하루를 어떻게 보내든, 어차피 다음날 아침이면 전부 지워져 있을 테니까.

필은 그들의 말에 솔깃한다. 무시무시하게 단조로운 하루에서 벗어나고자 그는 경찰과 필사적인 자동차 추격전을 벌이다가 체포되어 교도소에 갇힌다. 무수한 상대와 하룻밤을 보내고, 강도 사건에 휘말리며, 건강 걱정을 내려놓고 케이크를 실컷 먹는다. 다음으로 그는 리타를 유혹하려 하지만 번번이 실패한다. 필은 결국 이러한 무작위의 쾌락에서 아무런 의미를 찾지 못하고 자살을 생각하지만, 실행에 옮길 수 없다. 무엇을 하든 어김없이 그는 2월 2일 아침에 눈을 뜬다. 마침내 필은 리타에게 자신의 운명을 털어놓는다. 리타는 필에게 냉소적인 수동성보다 상상력이 가미된 창의성을, 이기적인 행동보다 타인에 대한 배려를 선택하라고 조언한다. 그러자 필에게 변화가 일어난다. 그는 이제 계속 동일한 상황이 반복되는 감옥 속에서 자신을 재창조할 수 있게 된다. 리타는 말한다. "이건 어쩌면 저주가 아닐지도 몰라요. 단지 관점의 문제일지도 모르죠." 리타를 통해 필은 자신이 갇혀버린 하루를 더 나은 방식으로 살아갈 기회가 있다는 걸 알아차린다. 그는 새로운 지식과 기술을 습득하고, 과거라면 회피했을 가치 있는 목표를 이루기 위해 위험을 감수하며, 지역 주민들과 친구가 되어 그들의 생활과 소망에 마음을 열고, 그 덕분에 다른 사람들과 전과 비할 수 없이 돈독한 관계를 맺는다. 피아노를 배우고, 프랑스어를 공부하고, 얼음을 조각한다. 마을 소년이 다리가 부러지는 사고를 막고, 나이든 노숙자에게 깊은 연민을 보여주며, 이런저런 선행에 뛰어든다. 무엇보다도 그는 단지 잠자리를 위해서가 아니라 진심으로 리타와 사랑에 빠진다. 필의 변신에는 차츰 속도가 붙는다. 필이 피아노를 아름답게 연주하고, 타인에게 영감을 주는 보도를 하고, 선행을 베푸는 모습들을 목격하면서 리타 역시 필과 함께 변화한다. 필은 리타에게 사랑을 고백하고 둘은 함께 밤을 보낸다. 다음날 아침 눈을 뜬 필은 마침내 시간이 흐르기 시작했다는 걸 알게 된다. 드디어 2월 3일이다.

〈사랑의 블랙홀〉은 그저 반복적인 일에 무한히 갇혀 있더라도 우리 각자에게 일상에서 창의성을 이끌어내고, 동일함에서 새로움을, 익숙함에서 낯섦을 찾아낼 잠재력이 있다는 사실을 기억하게 해주는 강렬한 구원의 서사다. 이는 니체가 이야기한 시험을 연상시킨다. 우리가 우리 삶의 모든 지루함과 고통, 실망과 실패까지 포함한 현재의 삶을 긍정할 수 있을까? 만일 악마에게 우리의 삶 전체가 무한히 똑같이 반복될 운명이라는 이야기를 듣는다면, 우리는 절망에 빠질까? 아니면 니체가 말하듯 우리의 삶을 압도적으로 사랑하기 때문에 "무엇도 더 간절히 바라지 않을" 정도로 오히려 기뻐할까? 니체는 우리가 살아가는 삶의 가장 세부적인 부분까지 아우르는 영원회귀를 기쁘게 맞아들이는 것이 현실에서 도달할 수 있는 "가장 고차원적인 긍정의 공식"이라고 여긴다.[1]

필에게 주어진 시험이 니체가 이야기한 시험보다 더 어려울

지도 모르겠다. 필은 자신이 반복해 겪는 모든 하루를 명확히 기억하지만, 니체는 이전에 살았던 삶을 기억할 수 있는지 아닌지에 대해서는 확답하지 않기 때문이다. 반복되는 모든 삶이 가장 사소한 부분까지 동일하다면, 그 삶을 어떻게 다른 삶과 구별하겠는가? 그리고 우리가 시간 루프에 갇혀 있다는 사실을 어떻게 알겠는가? 심지어 필은 풍부한 인생 전체가 아니라 달력 위의 단 하루만을 반복하고 있었다. 이렇듯 약간의 차이가 있기는 하지만, 필이 처한 상황과 니체의 사고 실험은 우리에게 동일한 교훈을 준다. 삶을 바라보는 관점을 바꾸면 우리의 삶도 극적으로 달라질 수 있다는 것, 냉소적 부정이 의욕 넘치는 기쁨으로, 지루한 악몽이 무한한 즐거움의 기회로 바뀔 수 있다.

그렇게 우리는 다시 놀이로 돌아가게 된다. 필의 사례에서 발견할 수 있는 놀이와 내가 여기서 말하는 놀이는 결코 단순히 일상을 탈출하는 것이 아니다. '어린애 놀이'라는 말이 함의하는 바와 달리, 놀이는 세상을 쉽게 살아가는 것과도 다르다. 놀이는 무책임하게 일을 벌이고 다니거나 매사에 걱정 없는 어린애인 척하며 살아가는 것이 아니다. 무엇보다도 놀이는 목적 없고 무책임한 삶이 아니므로, 필이 처음 시간 루프에 갇혔을 때 시도했던 자유방임적 삶과는 거리가 멀다. 그와 반대로, 놀이란 곧 '실존적' 상태다. 놀이는 정신이자 마음가짐이며 세계에 대한 태도로서, 거의 모든 일을 경험하는 방식을 송두리째 바꿔놓는다. 놀이는 프로젝트를 향해 나아갈 새로운 길을 실험하는 것이다. 다시 말해 놀이는 우리가 처한 현실에 더 깊이 관여하는 방법이다. 놀이의 방식은 언제나 잠정적이며, 고정된 틀로써 우리를 얽매지 않는다. 예를 들어 우리는 목표를 향해 나아가다가 막다른 길에 다다랐다고 느끼면 물러나겠지만, 그때 우리가 느끼는 건 열패감이 아니라 하나의 길을 시도해보았으며 다른 길을 또 탐색한다는 즐거움이다. 여전히 앞으로 나아갈 뚜렷한 길은 보이지 않는다. 여전히 막혀 있다. 그러면 출발점으로 돌아가서 그곳에 머무를 새로운 방식들을 시도해볼 수도 있다.

이런 의미에서 우리는 인생의 거의 모든 것을 놀이 정신으로 접근할 수 있다. 일, 인간관계, 여가, 심지어 아픈 노부모를 돌보는 슬프고 부담스러운 일까지도 예외가 아니다. 놀이 정신은 우리가 전통적으로 일과 여가 사이에, 또는 통제 가능한 것과 통제 불가능한 것 사이에 쌓아온 경계를 허문다.

놀이란 반드시 목적이나 목표가 없는 자유로운 행위여야 한다고, 즉 목적에 얽매이지 않고 탐색하고 즐기는 게 놀이의 요점이라고 생각할 수도 있다. 그러나 이는 사실이 아니다. 실험적인 놀이에 '심취해' 있을 때조차도 그 놀이의 핵심에는 보통 어떠한 목적이 존재한다. 예를 들어 테니스 경기 같은 게임의 경우, 놀이의 목적은 필요한 기술을 탁월하게 수행하고 승리해

만족감을 얻는 데 있다. 피아노를 연주하는 경우, 건반을 이것 저것 눌러보며 실험하는 놀이에는 사실 아름다운 음악 구절이나 전체 곡을 구성하는 악상을 찾으려는 동기가 있을 수 있다. 서로에게 푹 빠진 두 사람은 단지 놀이 자체를 위해 목적 없이 즐겁게 뛰놀고 장난치고 만지고 농담을 주고받지만, 그 행동은 더 깊은 쾌락과 친밀함을 의식적으로 기대하는 전희이기도 하다.

이러한 목적지향성은 놀이에 몰두한 아이들에게도 동일하게 적용된다. 아이들의 열렬한 집중력을 보면 그들의 놀이가 얼마나 목적지향적이며 그 의도가 얼마나 진지한지 알 수 있다. 예를 들어, 꼭두각시 인형극을 하는 아이는 자신이 사용할 수 있는 인형들을 가지고 실험을 벌이며 하나의 세계를 만들어낸다. 인형들을 이리저리 배열하며 자신의 기질, 욕망, 기술을 탐색하는 것이다. 심지어 벽에 대고 공을 차는 것조차도 무조건 목적 없이 이루어지는 행위는 아니다. 아이들은 자신의 힘을 발견하고 누리기 위해서, 공이 저항에 부딪혀 튕겨져나올 때의 감각적 즐거움을 누리기 위해서, 경쟁자와의 경기를 준비하기 위해서 공을 찬다. 지그문트 프로이트는 세상과 그 목적을 창조적으로 정리하고 즐기는 놀이의 능력을 다음과 같이 아름답게 표현했다.

놀이중인 모든 아이는 마치 창조적인 작가처럼 행동한다

고 말할 수 있지 않을까? 자신만의 세계를 창조하거나, 자기 세계의 사물들을 자신을 기쁘게 하는 새로운 방식으로 재배열한다는 점에서 아이는 작가와 비슷하다. 아이가 그 세계를 진지하게 여기지 않는다고 생각하는 것은 잘못이다. 오히려 아이는 자신의 놀이를 매우 진지하게 받아들이며, 거기에 큰 감정을 쏟아붓는다.[2]

니체는 한 걸음 더 나아가, 내가 이 책에서 제안하듯이 어른의 삶 역시 놀이에 진지하게 몰두한 아이의 태도로 보기를 요구한다. 한 도발적인 발언에서 그는 진정한 "성숙"이란 "놀이하는 어린 시절의 진지함을 다시 찾는 것"이라고 주장하기까지 한다. 니체에 따르면 아이는 "순진무구이자 망각, 새로운 시작, 놀이, 저절로 굴러가는 바퀴, 최초의 움직임, 성스러운 긍정이다."[3]

놀이. 새로운 시작. 신성한 긍정. 니체가 말하는 성숙과 창조성에 대한 사유는 우리를 다시금 고대 그리스 사상으로 이끈다. 고대 그리스에서 놀이에 몰두한 아이의 모습은 번영하는 인생 자체를 (그리고 심지어는 우주의 본질을) 암시하는 이미지로 사용된다. 기원전 5세기에 활약하며 여러 난해한 단문을 남긴 현자 헤라클레이토스는 '생명력' '인간의 생애' '영원' '시간' 등으로 다양하게 번역되는 단어 'aiōn'에 대해 이렇게 말했다고 전해진다. "인간의 생애란 말을 움직이며 놀이하는 아이이다. 왕위는 그 아이의 것이다."[4] 아이가 왕이라는 말은 곧 우리가 미루기를 통해 잃어버리는 것들, 즉 왕과 같이 자신의 삶을 주도하는 통제감, 창조적 질서, 원하는 방식과 속도로 자신의 우선과제를 실현하는 감각을 놀이로 되찾을 수 있음을 암시한다.

흥미롭게도 그리스어에서 '놀다'를 뜻하는 단어 'paizein'과 '아이'를 뜻하는 단어 'pais'는 어원적으로 연결되어 있다. 성공적인 삶이 놀이라면, 그 모범은 놀이에 몰두한 아이라는 사실이 엿보이는 대목이다. 나아가 'paizein'은 '교육'이나 '교양'을 뜻하는 단어 'paideia'와도 관련된다. 고전학자 아먼드 댄구어에 따르면, 고대 그리스에서는 예술이나 문학 같은 고급문화의 성취와 놀이 사이에 "집요할 정도로 분명한" 연결고리가 존재했다. 그는 또한 "그리스 문화의 중심에 다양한 형태의 놀이가 있었다는 사실은 그리스 문화가 지속적으로 지적·예술적 성취를 이룰 수 있었던 비결이 무엇인지에 관한 하나의 실마리를 제공하는 것처럼 보인다"라고 추측한다.[5]

플라톤은 이 사상에 심오한 해석을 더한다. "그렇다면 무엇이 삶을 바로 사는 방법인가?" 그가 내린 답은 이러하다. "삶은 놀이를 하면서 살아야 한다. 경기를 하고, 제사를 지내고, 노래하고 춤추면서 살아야 한다. 그러면 신들을 달래고, 적으로부터 자신을 지키고, 경쟁에서 이길 수 있다."[6]

신들을 달랠 수 있을 것이다. 적들로부터 자신을 지킬 수 있을 것이다. 경쟁에서 이길 수 있을 것이다. 이 구절에서 명백히 드러나듯, 플라톤이 보는 놀이 역시 본질적으로 목적지향적인 것이다. 더욱이 플라톤은 놀이가 동시대 그리스인들의 인생에서 가장 중요했던 세 가지 목표를 향하며 그 핵심에 자리하고 있다고 본다. 이때 놀이란 게으른 사람이 방황하는 것이 아니고 산만한 사람이 마음 가는 대로 움직이는 것도 아니다. 반대로 플라톤은 놀이야말로 신들이 인간에게 바라는 행동이라고 강조한다. 그는 인류가 "가장 고귀한 경기를 하면서 지금과는 다른 정신 상태를 가져야 한다"라고 말한다. 그러므로 놀이는 가장 중요한 우선과제를 향하지 않거나 진지하지 않을 경우 아무런 의미가 없다.

고대에 놀이와 문화가 맺었던 관계는 현대에 이르러 역사학자 요한 하위징아가 1938년에 출간한 기념비적인 저서 『호모 루덴스』에서 더욱 넓은 시각으로 재조명되었다. 하위징아는 책 제목에서부터 인류를 지혜롭게 생각하는 종(사피엔스)이 아니라 놀이하는 종(루덴스)으로 규정한다. 그는 플라톤과 같이 놀이를 가벼운 여가 활동이 아니라 거의 모든 인간 문화의 기원에 해당하는 근본적 활동으로 본다. 그리고 법과 질서, 상업과 이윤, 기술과 예술, 시, 지혜와 과학 모두가 "놀이라는 태곳적 토양"에 뿌리를 두고 있으며 나아가 어느 정도까지는 문화 자체가 놀이의 성격을 지닌다고 주장한다. 그에게 문명은 "놀이 안에서, 놀이로서 발생하며 놀이를 벗어나지 않는" 것이다.[7]

하위징아는 법과 질서, 예술과 시를 아우르는 성취의 근간이
자 출발점으로서 놀이가 반드시 규칙에 근거해야 한다고 확신
했다. 그는 놀이에 대해 다음과 같이 인상적인 정의를 내린다.

> 놀이는 일정한 시간과 공간의 한계 내에서, 가시적인 질서
> 속에서, 자발적으로 수용한 규칙에 따라, 필요성이나 물질
> 적 유용성의 영역을 벗어나서 이루어지는 활동이다. 놀이
> 하는 기분은 황홀함과 열정으로 채워져 있으며 상황에 따
> 라서는 성스럽거나 축제의 성격을 띤다. 놀이하는 행위는
> 고양감과 긴장을 동반한다.[8]

규칙을 기반으로 하는 놀이는 "질서를 창조하며, 그것이 곧
질서이다. 이는 불완전한 세상과 인생의 혼란에 일시적이고 제
한적일지언정 완전함을 가져다준다".[9] 이렇게 질서를 창조하고
규칙과 관습을 세우는 힘을 지니고 있기에, 하위징아는 놀이를
모든 공동체에, 나아가 문명에 근본적인 것으로 본다. 우리가
사용하는 '페어플레이'라는 단어는 공동체의 구성원들이 서로
동등하게 대하고 합당한 존중을 보이면서 명시적이거나 암묵
적으로 정해진 놀이의 규칙을 따른다는 뜻이다. '규칙을 따르
기'는 공동체의 일원이 되는 데 있어 깨뜨릴 수 없는 조건이다.

놀이가 인간 문명의 기원이라는 하위징아의 주장을 온전히
받아들이지 않더라도, 놀이를 하나의 존재론적 태도로 볼 수

있다. 놀이는 습관적 삶에서 한 발짝 물러나, 우리가 우선시하는 것들을 즐거운 실험 정신으로 새롭게 대하는 존재의 방식이다. 이러한 놀이 정신은 자율성에 대한 숭배와는 전연 다르다. 자율성은 개인이 마치 스위치를 켜듯이 원하는 것을 원하는 때에 원하는 만큼 할 수 있다는 약속처럼 여겨지며 제약 없이 제멋대로 행동할 수 있다는 점이 부각된다. 그러나 놀이가 고무하는 태도는 명령과 통제의 윤리가 아니라, 우리가 전념하는 프로젝트에 기꺼이 자신을 내맡기고 상상력이 이끄는 대로 따라가는 자세다. 같은 맥락에서 놀이는 일에 대한 숭배에 깃든 암울한 진지함을 전복시켜서 우리의 사고를 절차와 반복의 굴레에서 벗어나게 해준다. 그렇게 우리는 앞으로 나아갈 새로운 길과 새로운 아이디어와 놀라움을 향해 스스로를 활짝 열어 보일 수 있다.

놀이 정신의 힘은 언뜻 평범해 보이는 혁신부터 의학과 과학 분야의 가장 큰 도약에 이르기까지 무수한 사례로 입증되었다. 스티븐 존슨은 저서 『원더랜드: 재미와 놀이가 어떻게 세상을 창조했을까』에서 인공지능, 디지털 혁명, 확률이론, (확률이론에서 파생된) 보험산업과 같은 현대적 진보들이 수세기에 걸친 영향력과 영감의 흐름 속에서, 자기 집구석에서 오로지 재미있어서 실험에 몰두한 괴짜들의 손에서 탄생했음을 보여준다. 예를 들어 오늘날 바누 무사 빈 샤키르(무사 빈 샤키르의 아들들)로 알려진 9세기 바그다드의 세 형제는 이슬람 학문과 혁신을 위한 공간이었던 지혜의 집에서 당시로서는 매우 앞선 공학 도구였던 크랭크축과 흡입 기능을 가진 쌍기통 펌프 같은 물건들을 발명했고, 이것들을 정리하여 850년경 『기발한 기계 장치들의 책』을 출판했다. 그들의 후계자 중 하나인 이스마일 알 자자리(1136~1206)는 ‘현대 화장실에 사용되는 플로트 밸브의 전신과 훗날 수력 댐과 내연기관에 사용되는 유량 조절기’ 같은 놀라운 물건들을 발명했다. 현대 로봇공학의 아버지로 불리기도 하는 그는 이외에도 수백 가지 발명품을 풍부한 삽화와 함께 1206년에 『기발한 기계 장치에 관한 지식의 책』에 실었다.[10] 영문판을 번역한 도널드 힐에 따르면, "공학의 역사에서 알 자자리의 업적은 아무리 강조해도 지나치지 않다. 현대에 이르기까지 어떤 문화권에도 그의 저서만큼 기계 설계, 제작, 조립에 관한 방대한 지침을 담은 문서는 존재하지 않았다…… 알 자자리의 발명품들은 오늘날 기계공학 분야에도 여전히 큰 영향을 미치고 있다".[11]

놀랍게도 이 두 권의 책에는 "리듬감 있게 물을 뿜는 분수, 기계식 플루트 연주자, 자동 드럼 기계, 깃털을 당기면 물을 뿜고 미니어처 하인에게 비누를 건네주는 공작, 호수 위에서 연주할 수 있는 로봇 음악가들로 가득찬 배"처럼 장난스러운 기계 설계가 가득 들어 있었다.[12] 유럽에서는 수 세기 후에야 등장할 기술적 업적을 중심으로 하는 진귀한 기계들이었다. 이런 발명품은 두 책의 저자들과 결이 비슷한 훗날의 독창적 천재들에게 영감을 주었고, 나아가 산업화에서 비롯한 거대한 문화 변혁에도 기여했다. 예를 들어 프로그래밍할 수 있는 기계라는 개념은 직접적·간접적으로 계승되어 18세기의 괴짜 자크 드 보캉송이 설계한 기계 오리를 탄생시켰다. 이 오리는 걷고, 꽥꽥거리고, 뒤뚱거릴 수 있었다(가장 악명 높은 기능은 음식을 먹고 나서 배설하는 것이었다).[13] 보캉송의 후예인 19세기의 발명가이자 작가인 찰스 배비지는 어린 시절에 또다른 실험가 존 조지프 멀린의 다락방에서 인간처럼 움직이는 자동인형을 보고 영감을 받아 훗날 최초의 프로그래밍 가능한 컴퓨터로 평가받는 계산 기계를 발명했다. 이 기계는 20세기 후반의 폭발적인 컴퓨터 성능 발전과 현재 진행중인 IT 및 인공지능 혁명을 불러왔다.[14] 컴퓨터와 자동화처럼 아주 '진지한' 분야도 이렇듯 괴상망측한 장치와 특이한 집착을 촉매로 발전할 수 있었다.

스티븐 존슨이 지적하듯이 기계를 프로그래밍할 수 있다는 아이디어로 부자가 된 건 기업가들일지 몰라도, "그 아이디어를 처음 세상에 내놓은 것은 예술가들과 마술사들이었다".[15] 즉 혁신을 일으킨 장본인은 바누 무사 형제들과 알 자자리, 보캉송과 멀린과 배비지와 같은 괴짜들이었다. 물론 오늘날 여러 기업에서도 놀이에 깃든 혁신의 힘을 간과하지 않는다. 구글, 레고, 픽사, 엔비디아, 3M 등 다양한 기업들이 새로운 제품을 창조해낼 영감을 불러일으키고자 자유롭게 놀이하고 탐구하는 환경을 조성하며, 직원들이 스스로 선택한 프로젝트에 일정 시간을 할애하도록 별도의 공간을 마련해주기도 한다. 그리고 이러한 기업들이 충분히 입증하듯, 놀이 정신은 승리를 향한 경쟁 의지나 목적지향적 사고와 모순을 일으키지 않는다. 오히려 일찍이 플라톤이 말했듯이 놀이의 본질적인 목표는 "경쟁에서 이기는 것"이기도 하다. 놀이를 한다는 건 더 편안한 삶을 위해 야망을 내려놓는다거나 미래에 집중하기를 거부하고 지금 이 순간에만 머문다는 뜻이 아니다. 손 가는 대로 낙서를 끼적이며 기분좋게 재충전하는 활동을 의미하지도 않는다. 놀이는 목적과 야망이 있고, 집중적이고, 진지하며, 때로는 긴급한 우선 과제일 수도 있다. 다만 그것을 즐거운 실험 정신으로 수행하는 것뿐이다. 이렇게 놀이 정신은 냉정한 절차와 생산성의 노예로서 살아가는 출구 없는 진부한 삶에서 우리를 벗어나게 해준다.

7
후회의 힘을 활용한다

우리가 무언가를 미룬 결과로 느끼게 되는 감정 중 제일 흔한 것은 후회다. 그리고 그와 밀접하게 연관된 감정으로는 수치심과 양심의 가책이 있다. 우리는 잃어버린 시간을, 무기력한 야망을, 자신의 재능과 소중한 목표를 배신한 것을, 타인의 기대를 저버리고 그들의 존경을 잃은 것을 후회한다. 이 모든 후회가 우리의 자존감을 갉아먹고, 우리를 절망으로 밀어넣고, 우리의 자아를 위협한다.

그러나 앞으로 살펴볼 바와 같이, 후회는 전적으로 부정적인 감정은 아니다. 후회는 우리가 잘못된 길에 서 있다는 걸 일깨워주고 방향을 바로잡아줄 수 있다. 후회는 우리를 구원할 수 있다.

특히 자율성과 노동을 숭배하는 현대에 후회는 더욱 뼈저리게 다가온다. 우리는 인생의 목표를 자주적으로 선택하고, 남들에게 인정받는 성취를 통해 그 목표를 실현해야 한다는 과도한 기대에 둘러싸여 살아간다. 그리고 그러한 기대에 부응하는 데 자주 실패한다. 인생의 목표가 신의 명령, 전통, 조상, 자연에 의해 정해진 것으로 여겨졌던 전근대 시대에도 목표를 이루지 못하는 것에 대한 후회는 대단히 강력하고 잔인하기까지 한 감정이었다. 하지만 오늘날 우리는 자신을 스스로 만들어내고 스스로 승인하여 진행중인 작업물로 간주하기에, 중요한 일을 실현하지 못한 것뿐만 아니라 그 일을 중요하다고 생각한 것 자체에 대해서도 후회한다. 우리가 구축한 자아, 즉 우리의 정체성에 대해서조차 어느 정도 후회할 수 있다. 그러니 내가 의지를 상실하고 프로젝트를 진전시키지 못한 채 하릴없이 시간만 흘려보낼 때, 머리 두 개가 달린 후회의 괴물은 내가 선택하는 능력과 선택을 실천하는 능력 양쪽 모두에서 실패한 사람이라는 느낌을 선사한다.

그리하여 나는 외로이 절망을 끌어안은 채, 자연스럽게 '만약'을 생각한다. '만약 내가 더 흥미를 느끼고 동기를 부여받는 프로젝트가 있었다면?' '만약 내게 더 많은 기회를 제공하는 프로젝트가 있었다면?' '혹시 내 진정한 소명을 놓친 건 아닐까?' '지금 생각해보니 대학 시절 연애했던 사람이 천생연분이었는데, 만약 그 사람과 결혼했다면 지금 이렇게 혼자서, 아니면 재

미없는 배우자와 둘이서 답답하게 살지 않았을 거야.' '능력이
부족한데도 승진한 그 사람처럼, 나도 승진을 위해 행동할 용기
를 냈다면 어땠을까?' 이렇게, 만약 과거의 그 길을 택했더라면
지금 내 삶은 훨씬 나아졌을 거라고 스스로에게 말한다. 우리가
상상하는 '만약'의 삶은 영감과 추진력이 넘실대며, 상상 속 우
리는 현상황에서 도망치고 싶은 끔찍한 충동을, 즉 실제 선택을
미루려는 회피를 극복할 수 있다.

'만약'이라는 생각에 깃든 끈질긴 유혹은 내가 선택한 우선과
제를 미루는 데서 오는 결과이지만 동시에 그 결과에서 오는 고
통과 후회를 회피하는 수단이기도 하다. 또한 '만약'의 삶에 대
한 환상은 지금 내 삶의 우선과제들을 더 심하게 미루게 만드는
강력한 원인이 되기도 한다. 지금의 삶과는 다른 길에 깃든 즐거
움과 혜택이 지금 내가 갇혀서 기운을 소모하고 있는 실제 삶보
다 훨씬 선명하게 빛나기 때문이다. 환상의 삶이 더 환하게 빛
날수록, '만약'에 대한 상상은 '이것만 하면' 모든 게 달라질 거
라는 사고방식으로 발전한다. 지금까지의 손실을 털고 새로운
길을 찾고 싶다는 마음이 간절해지는 것이다.

정신분석가이자 에세이스트인 애덤 필립스는 '만약'에 대한
상상과 '이것만 하면'이라는 사고방식의 유혹이 위험할 수 있
다고 강조한다. "우리는 실제로 경험한 것보다 경험하지 않은
것에 대해 더 많이 안다고 생각하곤 한다. '좌절'이란 경험해보
지 못한 경험을 뜻하는 단어다." 그는 "우리가 살지 않은 삶 속

에서 우리는 항상 더 만족스럽고, 훨씬 덜 좌절한 버전의 자신"
이라고 덧붙인다. 그렇게 지금과는 다른 삶을 바라는 마음은
"현재의 우리와 우리가 되길 원하는 우리 사이의 간극을 마법
처럼 메워준다".[1]

경험하지 않은 삶이 더 매력적으로 보이는 것은 단순히 우리
가 그 삶의 장점만 보고 단점을 무시하기 때문이 아니다. 필립
스는 오히려 그 삶이 우리에게 요구하는 것들이 현재 우리가
끌어안고 애면글면하는 삶보다 더 현실적이고, 더 구체적이며,
더 친숙하게 느껴진다고 말한다. 경험하지 않은 삶이 그토록
매력적인 것은 "우리가 만족에 대한 우리의 환상과 선입견 뒤
에 숨어서 진정으로 만족할 가능성을 피하기 때문"이다.[2] 다시
말해 다른 삶을 상상하는 것은 우리가 실제로 살기를 원하는
삶, 우리가 소중하게 여기는 일들을 실천하는 삶을 회피하는
방법이라는 것이다.

그런데 우리는 어째서 진정으로 만족할 가능성을 회피하고
자 하는 것일까? 내 생각에 그 이유는 이렇다. 진짜 만족을 추
구하는 것은 현실에서 무언가를 추구하는 일이 늘 그러하듯 기
술과 지속적인 에너지를 요구하며 위험을 비롯한 여러 가지 부
담이 따른다. 그리고 우리는 그 모든 것을 감당할 수 없을까봐
(대개는 별다른 근거 없이) 두려워한다. 우리는 우리의 진정한 자
아를 시험해보기를 꺼리고, 실패를 두려워한다. 따라서 실제로
중요한 일들을 미루고, 사실상 실천할 생각이 없는 만족스러운

환상 속으로 도피한다. 때로는 그런 회피를 정당화하기 위해 지금 피하고 있는 그 일이 어차피 잘 풀릴 리 없다고 단정하기도 한다. 그러면 최소한 '확실성'에서 오는 쾌감은—과소평가해선 안 될 쾌감이다!—누릴 수 있으니까. 지금 우리가 관계를 맺고 있는 사람, 우리가 진행중인 프로젝트, 우리가 사는 도시, 우리가 속한 조직, 우리가 선택한 직업, 그 모든 게 결국은 잘 풀리지 않을 것이다. 앞으로도 달라질 리 없다. 그렇다면 더 나은 선택지, 더 잘 맞을 것 같은 다른 사람, 다른 프로젝트, 다른 장소로 옮겨가자. 기쁨의 만찬을 누리기가 더 쉬워 보이는 곳으로 향하자. '이것만 하면' 사고방식으로 돌아가는 삶에서, 최고의 파티는 언제나 여기가 아닌 다른 곳에서 열리고 있다.

물론 이렇게 후회에서 우러난 패배주의는 자기실현적이다. 우리는 패배주의를 선택함으로써 확실성에서 오는 쾌감을 얻고 뭔가 시도했다가 실패할 위험도 피할 수 있지만, 여기에는 확연한 위험성 또한 깃들어 있다. 우리는 우리가 가장 성실히 전념하고 있다고 생각했던 목적들을 스스로 부정하게 된다. 허튼 생각에 빠진 나머지 현실의 중요한 일들과 그로부터 얻을 수 있는 진짜 만족을 회피하게 된다. 그리고 결국, 스스로 삶을 망가뜨리면서 회피의 기술을 연마했다는 사실을 깨닫고는 더 뼈저린 후회에 젖는다.

하지만 미루는 것에 대한 후회는 이와 딴판으로 대단히 창조적인 결과를 낳을 수도 있다. 미루기는 우리 자신이 누구인지 이해하고 진정한 자신이 되는 데 결정적인 역할을 할 수 있다. 후회는 무시하기가 무척 어려운 감정이다. 그래서 후회에는 우리로 하여금 새로운 다짐을 품고 우리가 진정 중요하게 여기는 일로 다시 돌아가게 해줄 힘이 있다. 다른 한편으로 후회는 지금 우리가 중요시하는 일들이 실은 우리에게 맞지 않는다는 강한 신호를 줄 수도 있다. 지금의 우선과제는 우리가 잘 살아가는 데에 도움이 되지 않는 무의미한 것들이라고 알려주는 것이다. 손해를 감수하고 방향을 트는 게 싫어서 기존의 소명, 프로젝트, 관계를 무작정 끝까지 고수하는 게 언제나 옳은 선택은 아니다. 이렇게 후회는 우리가 진정으로 중요하게 여기는 것이 무엇인지를 경험을 통해 발견하도록 돕고, 플라톤의 위대한 스승 소크라테스가 각각의 개인에게 던졌던 질문을 고민하게 만든다. 좋은 삶을 산다는 것은 무엇을 의미하는가?

우리가 후회를 통해 자신을 이해하고 미루기를 극복하게 된다는 사실을 이른 시기에 고찰한 철학자로 플라톤의 제자 아리스토텔레스가 있다. 아리스토텔레스와 플라톤은 자신에게 가장 좋은 일이 뭔지 알면서도 그에 반하는 행동을 하는 것을 '아크라시아akrasia'라고 불렀다. 아리스토텔레스는 "아크라시아 상태에 놓인 사람은 반드시 후회하게 된다"라고 단언한다.[3]

고전학자 제임스 워런에 따르면, 아리스토텔레스는 후회와 그와 관련된 감정인 회한(고대 그리스어로는 후회와 회한 모두

'metameleia'로 표현된다)이 둘 다 본질적으로 지연되어 나타난다고 본다. 다시 말해 우리는 어떤 중요한 일을 의식적으로 망치고 올바른 판단을 거스르는 행동을 하는 그 순간에는 후회하지 않는다. 워런의 설명에 따르면 후회란 "자신을 꾸짖는 회고적 태도"로서, 우리가 과거의 행동을 되돌아보고 어째서 자신에게 가장 이로운 길을 따르지 못했는지 파악하게 하며, 그로써 앞으로는 다르게 행동하도록 우리를 교정한다. 이를 가능하게 하는 것은 아리스토텔레스가 '예기 고통'이라고 부른, 자기파괴 행동이 초래할 결과를 미리 떠올릴 때 느끼는 고통이다.[4] 여기서 아리스토텔레스는 미루는 사람이 겪게 되는 핵심적 경험을 생생히 묘사한다. 당장의 욕구를 따를 때는 즉각적 쾌락을 느끼지만 이는 미래의 자신이 입는 피해로 인해 훗날 지연된 고통으로 돌아오기 마련이다.

그런데 아리스토텔레스는 미루는 사람이 정확히 무엇을 후회한다고 생각하는가? 우리가 후회하는 건 단순히 진정으로 중요한 일을 소홀히 했다는 점뿐만이 아니다. 구체적으로 우리가 후회하는 대상은, 중요한 일을 무시하라고 부추기는 쾌락에 선뜻 굴복한 우리의 적극적 동기 그 자체다. 그리고 아리스토텔레스는 이러한 후회가 극단적인 자기혐오를 낳을 수 있다고 경고한다.

바로 이 대목에서 아리스토텔레스의 설명은 대단히 흥미로워진다. 그는 특유의 치밀한 논법으로, 우리가 어째서 순간적으로 최선의 이익에 반하는 선택을 하게 되는지 파헤친다. 예를 들어, 건강을 지키겠다는 깊고 지속적인 욕망이 있음에도 한순간 담배를 피우려는 충동에 압도당할 때, 우리 안에서는 대체 무슨 일이 일어나는 걸까?

아리스토텔레스의 설명에 따르면 바로 그 순간 우리는 단기적인 쾌락에 굴복함으로써 어떤 결과가 초래되는지 진정으로 이해하지 못하는 상태다.[5] 우리는 일반적으로 건강에 해로운 생활이 나쁘다는 사실을 알고 있고, 그것이 우리에게 소중한 장기적 목표들을 위태롭게 할 수 있다는 점도 인식하고 있다. 적어도 우리는 그 사실을 다 알고 있다고 여긴다. 하지만 아리스토텔레스는 우리가 그것이 왜 나쁘고 어떻게 나쁜지를 충분히 내면화하지 못했다고 말한다. 다시 말해 건강을 해치는 삶이 가져올 결과를 구체적으로 생생하게 상상하지 못하고 있다는 것이다. 우리는 "흡연은 위험하다"와 같은 일반적 명제를 알고 있지만, 이를 자신의 구체적인 상황에 명료하게 적용하지 못했다. 아리스토텔레스는 이런 때 우리가 무지하게 행동하고 있다고 주장한다. 왜냐하면 그에게 있어 참된 앎이란 단순히 암기로 끝나는 것이 아니라 실질적으로 결정과 행동을 이끄는 것이기 때문이다.

아리스토텔레스는 실질적인 앎과 단순한 암기의 차이를 설명하기 위해 후자를 잠들었거나 술에 취한 상태에 비유한다. 예를 들어 음주 운전자를 붙잡고 "빨간불에 멈춰야 하고 제한

속도를 지켜야 한다는 걸 아는지" 물으면, 아마도 당연히 안다는 대답이 돌아올 것이다. 자신이 바보인 줄 아느냐며 반문할지도 모른다! 하지만 그 사람이 심하게 취한 상태라면, 그의 지식에는 실제 행동을 이끌어내는 힘이 없다. 이때 그 사람은 정확한 뜻도 모르면서 질문에 정답만 되풀이하는 어린아이와 다를 바 없다. 술에 취한 어른은 앵무새처럼 규칙을 읊을 수 있고 규칙을 지키지 않으면 위험하다는 것도 어느 정도 알지만, 그의 마음은 규칙의 진정한 중요성을 이해하지 못한다. 그래서 자신이 지닌 지식에 영향을 받지 못하고 순간적인 감정이나 쾌락에 휘둘려 행동한다. 아리스토텔레스는 이렇게 이야기한다.

> 따라서 극도의 분노나 성적 욕망에 사로잡힌 사람들은 과학적 증거나 엠페도클레스의 시를 읊을 수는 있지만 자신이 말하는 것을 제대로 이해하지는 못한다. 어떤 학문의 초보자가 단어들로 문장을 엮어낼 수는 있어도 그 학문을 정말로 안다고 할 수는 없는 것과 같다. 앎이 그 사람의 일부가 되려면 시간이 걸린다. 그러므로 아크라시아 (혹은 미루기) 상태에 있는 사람들이 하는 말은 무대 위 배우의 대사처럼 취급해야 한다.[6]

아리스토텔레스가 자신의 배역에 몰입하여 일체가 되는 배우들을 다소 박하게 평가한 것처럼 보일지도 모르겠다. 그러나 아크라시아에 대한 그의 논의에서 우리가 주목해야 할 핵심은, 후회가 행동을 변화시키는 효과적인 힘이 되려면 자신이 정한 우선순위에 어긋나는 행동이 어째서 자신의 행복과 번영을 해치는지를 진심으로 이해해야 한다는 것이다. 아리스토텔레스가 보여주듯이 이러한 이해에 도달하는 일은 녹록지 않다. 예를 들어 내가 담배가 건강에 나쁜 걸 안다고 말하면서 담배 한 개비를 입에 문다고 생각해보자. 이때 나는 정말로 담배가 미치는 장기적인 영향에 대해 아는 것일까? 아니면 단지 앵무새처럼 팩트 몇 가지를 암기해서 읊는 것뿐일까? 설령 내가 담배의 영향을 안다고 하더라도, 그 지식은 나 자신의 경험에서 나온 것이 아니라 수많은 타인들에 대한 연구에서 온 것이다. 나는 어떤 사람들은 평생 담배를 피워도 멀쩡하고, 어떤 사람들은 담배를 입에 댄 적도 없지만 폐암에 걸린다는 사실 또한 알고 있다. 결국 입에 무는 한 개비의 담배가 내게 어떤 영향을 줄지에 대해 나는 거의 알지 못한다.

우리가 무엇을 원하는지, 그리고 그와 반대로 행동했을 때 어떤 위험이 따르는지 우리는 대부분 불분명하게 이해할 수밖에 없다. 게다가 현대에 이르러 우리의 이해를 더욱 흐려놓는 강력한 마음의 이론이 더해졌다. 이 이론에 따르면, 우리가 무엇을 중요하게 여기는지, 그리고 어떠한 억제력이 그것을 추구하지 못하게 만드는지는 우리의 방대한 무의식에 깊은 영향을 받는다. 아리스토텔레스는 무의식의 개념이 아직 만들어지지 않은 시대에 살았지만, 우리가 고통스러운 후회를 느낄 때 자신이 원하는 것을 이해할 동기가 생겨난다는 사실을 보여주었다. 후회가 이런 역할을 할 수 있는 건, 우리로 하여금 중요한 일을 회피하거나 거스르는 데 뒤따를 대가에 집중하게 만들기 때문이다. 다른 어떤 감정보다도 강력한 후회의 힘에 떠밀려, 우리는 우리가 치러야 할 대가를 최선을 다해서 평가하고 이해한다. 그래서 비로소 미루려는 충동을 이겨낼 수 있게 된다.

후회는 어떻게 우리에게 무엇이 진정으로 소중한지 알려주고, 미루기를 극복하게 해줄까? 이를 보여주는 또하나의 사례를 19세기 덴마크 철학자 쇠렌 키르케고르(1813~1855)의 삶과 사상에서 찾을 수 있다. 키르케고르는 사랑 앞에서 우유부단했던 역사 속 인물로 잘 알려져 있다. 그는 연인과 결혼을 추진할지에 대한 일생일대의 고민에 빠져 있던 때, 후회가 어느 한쪽을 선택하지 못하도록 어떻게 방해했는지 생생히 묘사한다. 결혼을 해도 후회할 것이고, 하지 않아도 후회할 것이다. 어느 쪽을 택하든, 결정을 내림으로써 필연적으로 닫히는 선택지에 대한 아쉬움이 남는다. 그러나 내적인 갈등과 고통스러운 후회 속에서 그는 점차 더 깊은 통찰을 얻는다. 그는 각 경로를 택했을 때 무엇을 얻고 또 무엇을 잃을지를 생각한 끝에 근본적으로 자신이 누구인지에 대해 통찰하게 된다. 그리고 마침내 "삶 위로 어떤 기이한 빛이 번져나가고, 모든 구체적인 사항을 이해할 필요가 전혀 없이, 흔들림 없는 자기 확신 속에 서 있는 순간"을 맞이한다.[7] 훗날 그는 바로 이런 순간이야말로 인생을 뒤돌아보면서 우리가 무엇을 했고 왜 그렇게 했는지를 비로소 이해하게 되는 시점이라고 적었다. "인생은 앞을 향해 살아가지만 되돌아볼 때만 이해되는 것"이라는 그의 통찰은 마음에 담아둘 법하다.[8]

최악의 남자친구이자 구혼자이자 약혼자였던 키르케고르의 연애사에는 그러한 깨달음이 고스란히 담겨 있다. 1837년 5월, 스물네 살이었던 키르케고르는 열다섯 살 소녀 레기네 올센을 만나고 이후 삼 년간 정성껏 구애한다. 그러나 그는 자신이 "내 마음의 주인"이자 "무명의 여신"이라 부르던 그녀와의 결혼을 목표로 전력질주를 시작한 바로 그 순간, 망설이기 시작한다. 그러면서도 한편으로 그녀에게 직접 열렬히 연정을 고백하는데, 그의 정열은 아래와 같이 일기장에도 기록되어 있다.

어디에서든, 어떤 여자의 얼굴에서든, 나는 그대 아름다움의 파편들을 목격한다. 하지만 내게 아직 부족한 대륙을 찾기 위해 전 세계를 누비며 세상의 모든 여자들을 모아야만 그대의 아름다움을 얻을 수 있으리라…… 그 대륙은 '나'라는 존재 전체의 가장 깊은 비밀이 자석처럼 가리키는 바로 그곳이기도 하다. 그런데 그다음 순간이면 그대는 나와 너무나 가까운 곳에서 너무나도 생생하게 존재하면

서 나의 정신을 풍성하게 채워준다. 그리하여 나는 변모해버린다.[9]

한편, 키르케고르를 연구한 데이비드 해네이에 따르면, 1837년부터 1840년 사이에 쓴 일기에서는 "점차 커지는 불안"이 드러난다.

신학 시험을 치르고, 논문을 마무리하고, 직장을 가져야 할까? 레기네에게 청혼하고, 남편이나 목사나 교사가 되어 '보편적인 것'을 [즉, 사회적으로 부과된 책임, 의무, 가치들을 따르는 전통적인 삶의 방식을] 실천해야 할까? 하지만 그렇다면 이제 막 움트기 시작한 작가의 재능은 어떻게 될까? 작가가 되려면 시간과 집중력이 필요하고, 글을 쓰는 재능 또한 증명되어야 한다. 그러나 다시 생각해보면, 사람은 단지 작가로만 살아갈 수만은 없다. [그 직업으로 지탱하는] 삶의 어떠한 관점이 있어야 한다. 그런데 그 삶의 관점에서 볼 때 내가 결혼을 하고 직장을 가져야 한다면? 그렇다면 글쓰기는 어떻게 되는가?[10]

이렇게 망설이면서도, 키르케고르는 여전히 레기네에게 열정적이고 변덕스러운 구애를 펼친다. 그리고 마침내 1840년 9월 8일에 레기네의 부모님 댁에서 그녀에게 청혼한다. 또다른 일기에서 그는 그 장면을 이렇게 묘사한다.

우리는 거실에 단둘이 서 있었다. 그녀는 약간 당혹스러워했다. 나는 평소처럼 그녀에게 나를 위해 곡을 연주해달라고 요청했다. 그녀는 연주를 시작했지만, 나는 아무 말도 하지 못했다. 그러다 나는 갑자기 악보를 다소 격렬하게 덮어버리고는 피아노 위에 던지며 말했다. "아! 음악 따위가 무슨 소용인가. 내가 원하는 건 당신입니다. 자그마치 이 년 동안 당신을 원해왔어요." 그녀는 침묵을 지켰다. 사실 나는 일전에 그녀를 설득하려는 어떤 노력도 하지 않았다. 오히려 그녀에게 내가 우울한 사람이라고 경고하곤 했다. 그리고 그녀가 슐레겔〔경쟁 구혼자〕과의 관계를 언급했을 때는 이렇게 말했다. "그 관계는 괄호 안에 넣어두세요. 우선권을 가진 사람은 나입니다." 그녀는 대체로 말이 없었다.[11]

이틀 뒤 레기네는 청혼을 받아들인다. 그와 거의 동시에 키르케고르는 자신의 결정을 후회한다. 너무 성급하게 청혼한 건 아닐까? 결혼이 정말 자신에게 맞는 걸까?

그의 공황은 우울증으로 더욱 심해지고 순진한 레기네는 이에 괴로워한다. 키르케고르의 철학적 생애를 연구한 전기작가 클레어 칼라일의 설명에 따르면 그의 극심한 우울증은 외모마저 바꿔놓아서, 약혼 후 며칠 지나지 않아 레기네가 거리에서 우연히 마주친 그를 알아보지 못할 정도였다.[12]

수많은 고뇌를 끌어안은 상태로 그는 레기네에게 꾸준히 편지를 보냈다. 열정적인 고백으로 가득한 편지 속 감정들이 진심이 아니라고 의심되지는 않는다.

> 그대가 영혼의 가장 깊은 곳에서 나를 사랑한다고 말해줄 때마다, 내겐 그 말이 처음처럼 들린다는 걸 알아주세요. 온 세상의 부를 소유한 사람이 그 모든 보물을 살펴보는 데 평생이 걸리는 것처럼, 내게도 그대의 사랑에 담긴 모든 풍요로움을 음미하는 데 평생이 필요하다는 것 또한 알아주세요.[13]

그리고 그는 그녀에 대한 자신의 열망이 깊다고 장담한다.

> 내가 감히 바랄 수 있다면, 무엇을 바랄지는 분명합니다. 내게는 나의 가장 깊은 신념과 일치하는 소망이 있지요. 죽음도 생명도 천사들도, 현재의 것도 미래의 것도, 높음도 깊음도 그 밖의 어떤 피조물도 나를 그대에게서, 혹은 그대를 나에게서 떼어놓을 수 없게 해달라는 것입니다[사도바울이 로마인들에게 보낸 편지 8장 38~39절을 인용한 것이다].[14]

하지만 이와 동시에, 키르케고르는 자신을 레기네에게서 떼어내려 애쓴다. 이러한 괴로운 양가감정이 얼마나 잔인한지 알면서도, 그는 결혼과 그에 뒤따르는 의무와 제약에 대한 염려를 좀처럼 거두지 못한다. 자그마치 일 년을 혼란스러워한 끝에 그는 결혼을 하지 않겠다는 결론에 도달하고, 1841년 10월 11일, 약혼을 파기함으로써 레기네를 깊은 절망 속으로 밀어넣는다. 그는 그녀에게 줬던 반지를 돌려받고 이 주 뒤 베를린으로 도망친다.

그러나 위대한 철학자의 우유부단함은 일 년에 걸쳐 갈망과 후회 사이를 갈팡질팡하다가 관계를 끝내는 것으로 마무리되지 않았다. 베를린에 체류한 약 다섯 달 동안, 키르케고르는 레기네의 모습을 마음속에서 지울 수 없어 괴로워한다. 이듬해 다시 베를린을 방문했을 때도 마찬가지로 레기네에게 돌아가면 어떨지 상상한다. 이제 그는 약혼했던 일을 후회하는 것이 아니라, 약혼을 파기한 일을 후회한다. "내게 믿음이 있었다면, 레기네와 함께했을 텐데." 그는 1843년 5월 17일 자신의 일기장에 털어놓는다.[15] 그러나 클레어 클라일에 따르면, 아무리 마음이 아파도 "외부적으로는 모든 것이 결정된 상태"였다.

그는 자신의 삶을 다른 방향으로 돌려세웠다. 그는 자신이 영영 결혼하지 않을 것임을 알고 있다. 〔다시 코펜하겐으로 돌아온 뒤〕 그는 교회나 거리에서 레기네를 마주치더라도—자주 있는 일이다—그녀에게 말을 걸 수 없다. 그녀의 얼굴과 그녀가 마지막으로 그에게 절박하게 던졌던 말들의 메아리가 그의 영혼을 혼란스럽고 모순된 감정으로 가득 채운다. 그녀에 대한 그의 모든 생각은, 자기 자신을 이해하려는 그의 노력과 뒤엉켜 있다.[16]

키르케고르가 레기네를 쥐락펴락하며 잔혹하게 행동한 것은 분명하다. 하지만 그가 인생에서 아마도 가장 힘들었을 선택을 내리는 데 결정적인 역할을 한 것은 후회의 힘이었다. 그는 사랑했던 여인을 포기하고 작가로서 살아가는 소명을 택했다. 자신의 소명이 결혼에 따르는 의무와 책임과는 양립할 수 없다는 믿음에서 그런 선택을 내린 것이다. 그의 후회는—레기네에게 청혼한 것에 대한 후회, 약혼을 파기한 것에 대한 후회, 결혼생활이 줄 수 있었던 행복을 포기한 것에 대한 후회는—죄책감과 자기 합리화 사이를 오갔다. 후회의 힘으로 그는 철학자이자 작가로서 살아가는 삶과 한 여자의 남편으로 살아가는 삶을 동시에 진실하게 살 수는 없다는 확신에 이르렀다. 작가나 남편으로서 단순히 자기만족적이고 사회적으로 받아들여지는 거짓된 역할을 수행하는 것으로는 충분하지 않았다. 진정한 작가나 진정한 남편이 된다는 것의 진정한 의미는 둘 중 어느 한쪽을 선택하고 그 선택이 명하는 길을 따를 용기가 필요하다는 것이라고 그는 생각했다. 어느 특정한 개인으로서, 그리고 키르케고르의 표현을 빌리자면 "이 시대, 이 나라에 태어나 모든 변화무쌍한 환경의 다면적인 영향 아래에서"[17] 온전히 어떤 선택을 내릴 때에만 개인은 진정한 인간이 된다. 그래야만 자신에게 진실하며 세상과의 관계에서 진실한 존재가 된다.

이런 실존적인 선택을 회피한다면—다시 말해 양립할 수 없고 각각 큰 부담이 따르는 두 가지 이상의 삶을 모두 누릴 수 있다는 망상에 젖어 확고한 선택을 피하려 시도한다면—충만한 삶을 사는 건 불가능하다. 선택을 회피하는 사람에게는 "인생은 한 번뿐"이라는 말조차 진실일 수 없다. 후회가 우리의 인생에서 결정적인 역할을 하는 건, 이러한 실존적 선택을 강요하기 때문이다. 후회는 그에 수반되는 고통을 통해 우리의 눈을 밝혀준다. 삶의 한 가지 우선과제를 좇는 과정에서 다른 것을 잃게 되는 상황을 마음의 눈으로 똑똑히 보게 해줌으로써, 우리가 반드시 내려야 하는 결정을 내리도록 해준다. 그 결과 우리는 하나의 삶을 선택하여 그것을 진실하고 온전하게 살 수 있게 된다. 키르케고르의 경우, 후회는 그가 잃게 될 것에 선명히 초점을 맞추어주었다. 결혼하여 레기네의 남편으로 살기를 선택하고 작가의 소명을 타협할 때 무엇을 잃게 될지 보여주었고, 반대로 레기네를 포기하고 외로운 작가의 길을 선택할 때 무엇을 잃게 될지도 보여주었다.

후회와 비슷한 정도로 고통을 주는 감정은 하나밖에 없다.

그 감정은 미루기의 원인이자 결과일 뿐 아니라, 우리의 내면 세계를 깊이 파고들고 관통하여 우리가 중요하게 여기는 일과 그것들을 추구하는 방식을 뿌리째 재평가하게 만든다. 그것은 어쩌면 감정이라기보다는 기분이나 존재의 상태라고 말하는 편이 알맞을지도 모르겠다. 내가 추구하는 것들이 나에게 정말로 맞는가? 아니라면 나는 무엇을 추구해야 하는가? 맞다면, 나는 지금 그것을 최선의 방식으로 추구하고 있는가? 나아가 내가 모든 소중한 것을 대하는 태도가 내가 원하는 것을 쟁취하는 데 적합한가? 이런 질문들을 불러일으키는 또다른 강력한 감정은 바로 권태다. 그리고 나는 이 감정이 후회와 마찬가지로 미루기를 극복하는 열쇠 중 하나라고 주장하고자 한다.

8

권태가 우리를 구원한다

새 하루가 밝았다. 이제 막 책상에 앉은 참이다. 푹 빠져 있는 프로젝트에 다시 몰두할 생각에 마음이 들뜬다. 평소처럼 준비 루틴도 마쳤다. 숙면, 삼십 분간의 유산소 운동, 샤워, 든든하되 과하지 않은 아침 식사, 커피 한 잔, 그리고 또 한 잔. 그런데 시작을 할 수가 없다. 환장할 노릇이다. 어제 떠올랐던 그 생각을 되살리려 애써보지만, 어쩐 일인지 김이 빠졌다. 도무지 생동감이 없다. 그래서 무작정 쓰기 시작한다. 무슨 말을 하고 싶은지 알지 못하는 채로 의식의 흐름이, 아니, 무의식의 흐름이라도 종이 위로 쏟아져나오길 바라면서. 물론 책이 저절로 써지지는 않는다. 몇 차례 더 시도하지만, 쓰면 쓸수록 더 엉망이다. 어쩌면 뭔가가 내 안의 리셋 버튼을 눌러주면 새롭게 다시 시작할 수 있지 않을까? 나는 기대감을 품고 가벼운 기분 전환에 나선다. 온라인으로 몇 종류의 신문을 읽고, 소셜미디어에 흩뿌려진 스캔들과 분노의 흔적들을 기웃거린다. 진한 밀크 초콜릿으로 정신을 깨운다. 그러나 그럴수록 오히려 더 안절부절못하게 된다. 집중은 멀어져만 간다. 지지부진하게 노력하는 것도 슬슬 버거워진다. 마침내 나는 가장 두려운 상태로 미끄러져 들어간다. 무관심, 동기 마비, 결국은 권태.

이제 어떻게 할까?

정답은 바로 이런 순간이 권태로운 무심함을 유용하게 바꿀 기회라는 것이다. 이 기회를 놓쳐서는 안 된다. 후회를 활용했듯이 권태를 활용해서 미루는 습관을 극복할 수 있다. 이것이 마치 모든 역경이 유익하다는 종류의 허튼소리처럼 들릴지도 모르겠다. 하지만 실은 그렇지 않다. 왜냐하면 내가 사랑하고 진심으로 믿는 일을 하면서 무심해진다는 것은 분명 부조리하기 때문이다. 프로젝트에 더는 연결감을 느끼지 못할 만큼 무심해져서 일 자체가 악몽으로 여겨지는 상태는 확실히 부조리하다. 그래서 나는 기회를 잡으려고 시도해본다. 권태에 초점을 맞추고 그것을 가능한 한 속속들이 살펴보려고 노력한다. 권태에 맞서 싸우지 않는다—적어도 아직은. 대신 권태를 지그시 관찰한다. 눈앞의 과제에서 벗어나고자 하는 미칠 듯한 충동을 차분히 들여다본다. 나는 권태가 실제로 어떤 메시지를 전달하고 있는지, 무엇을 거부하고 원하고 회피하고 있는지 알고 싶다.

절실히 추구하고자 하는 목표를 회피하려 할 때 권태가 찾아오는 이유를 이해하려 시도한 사람은 내가 처음이 아니다. 놀랍게도 이 분야의 선구자는 이집트 사막에서 살았던 4세기의 수도사 폰토스의 에바그리우스이다. 에바그리우스는 동료 수도사들이 평생 헌신하겠노라 맹세한 하느님과 기도의 삶에 무관심해지고 심지어 적대적으로 변하는 모습을 보고 충격을 받은 나머지, 그들의 경험을 순간별로 분석하여 논문에 담아냈다. 그가 씨름했던 수수께끼는 이 책이 파헤치고자 하는 문제와 동일하다. 왜 우리는 우리에게 가장 좋은 삶이라고 여기는 삶을, 우리가 스스로 헌신하고 있다고 믿는 바로 그 삶을 기어이 피하는가? 그리고 우리가 강렬하게 헌신하고자 하는 것들로부터 벗어나려는 이런 욕구를 어떻게 극복할 수 있는가?

수도사들에게 가장 좋은 삶이란 수도생활이 요구하는 집중을 통하여 하느님께 헌신하는 삶이었다. 그들은 자신이 선택할 수 있었던 다른 모든 삶을 희생하고, 깊은 신념으로 자신의 소명을 추구했다. 그런데도 플라톤과 아리스토텔레스가 '아크라시아' 개념으로 분석했던 것과 유사하게, 그들은 스스로 선택한 최고의 삶을 거스르듯 행동했다. 하느님께 가장 철저하게 헌신하는 삶이 최고의 삶이라는 신념이 흔들린 건 아니었다. 그럼에도 수도사들은 그 삶에서 벗어나려는 갈망을 느꼈던 것이다.

에바그리우스가 연구의 출발점으로 삼은 것은 하느님께 부름받았다고 느끼고 수도생활에 헌신하고 있었지만 내면의 동요를 느낀 한 수도사의 사례였다. 이러한 심적 동요를 부추기는 존재는 교활하게도 수도사들이 가장 나른해지는 무더운 정오에 공격을 가한다는 이유로 "한낮의 악마"라고 불렸다. 내면의 동요는 시간이 단조롭게 질질 늘어지는 것처럼 느껴지는 숨막히는 감각을 동반했다. 고립된 외로움 속에서 수도사는 점점 자신의 소명을 증오하게 되었고, 어떤 탈출구라도 찾을까 싶어 안달하며 여기저기를 기웃거리기 시작했다. 에바그리우스는 이처럼 자기 삶에서 가장 중요한 우선과제를 필사적으로 회피하려는 태도를 '아케디아'라는 단어로 설명했다. '신경쓰지 않음'을 의미하는 그리스어에서 유래한 이 상태는 무관심과 매우 밀접하며, 의미도 거의 동일하다.

한낮의 악마라고도 불리는 아케디아의 악마는 모든 악마 중에서도 가장 억압적인 존재다. 그 악마는 수도사에게 오전 제4시경(오전 열시쯤)에 접근하여 제8시경(오후 두시쯤)까지 그의 영혼을 포위한다. 가장 먼저 해가 거의 움직이지 않거나 전혀 움직이지 않는 듯 보이도록 만들며, 하루가 마치 쉰 시간쯤 되는 것처럼 느껴지게 한다. 그러고는 수도사로 하여금 계속 창밖을 바라보게 만들고, 자신의 방을 뛰쳐나가게 하며, 제9시(오후 세시쯤)부터는 해가 얼마나 기울었는지 확인하게 하고, 이리저리 두리번거리게 만든다…… 나아가 악마는 수도사가 자신이 있는 장소와 현재 삶의 상태 자체에 싫증을 느끼게 만든다……

그는 수도사로 하여금 다른 장소에 대한 욕망을 품게 한다. 거기서는 필요를 쉽게 충족할 수 있고, 더 쉽고 생산적인 일을 하며 살아갈 수 있을 것이라는 생각을 불어넣는다. 주님을 기쁘게 하기 위해 꼭 특정한 장소에 있을 필요는 없다고 말하며, 성경에 따르면 어디에서든 신에게 예배를 드릴 수 있다고 덧붙인다(요한의 복음서 4:21~24 참조). 이런 온갖 유혹에 더해, 그는 수도사로 하여금 가까운 가족들과 이전 삶의 기억을 불러일으키고, 평생 이어질 고된 삶의 여정을 상기시키며, 금욕생활의 무거운 짐을 눈앞에 펼쳐 보인다. 그리고 수도사가 이른바 자기 방에서 나가고 경기장을 떠나게 만들기 위해 쓸 수 있는 모든 수단을 동원한다.[1]

악마의 진짜 목적은 수도사들에게 특정한 삶의 방식이나 온갖 종류의 잡다한 유혹을 직접 들이미는 데 있지 않다. 그보다는 수도사들이 마음의 동요를 품고, 일생을 헌신해야 하는 고된 소명에 겁을 먹으며, 그 소명을 조금이나마 더 수월하게 이룰 수 있는 길을 갈망하게 만드는 데 있다. 한번 이런 갈망을 품고 나면, 수도사들은 (그리고 오늘날의 우리처럼 습관적으로 미루는 사람들은) 스스로 알아서 온갖 산만함을 찾아낼 것이다.

에바그리우스 이후에도 아케디아 현상을 상세히 탐구한 이들이 있었다. 그로부터 거의 천 년 뒤, 길었던 유럽 중세가 말기에 접어들 무렵, 기독교 사상사에서 가장 영향력 있는 인물로 꼽히는 13세기의 철학자 토마스 아퀴나스는 아케디아가 인간의 선한 목적 추구를 심각하게 방해하므로 선을 파괴하고 모든 악의 근원이 되는 '일곱 가지 대죄'의 하나로 규정해야 마땅하다고 주장했다.

토마스 아퀴나스는 아케디아가 우리가 살 수 있는 가장 기쁜 삶으로부터 도피하는 것이라고 규정했다. 이러한 도피의 근원은 우리를 모든 선한 행위로부터 돌아서게 만들고, 심지어 선한 것 자체를 "혐오스럽게" 여기도록 만드는 "억누르는 듯한 슬픔"에 있다.[2] 중세 기독교인에게 최고선은 하느님이었다. 최고선에 헌신하는 것은 "네 마음을 다하고 목숨을 다하고 생각을 다하고 힘을 다하여 주님이신 너의 하느님을 사랑하여라"(마르코의 복음서 12:30)라는 계명에 의거하여 하느님의 명령이자 의무였다. 여기서 '다하다'라는 단어에 주목하자. 하느님, 하느님의 방식, 하느님이 명한 도덕 질서, 하느님이 창조한 존재 질서 전체에 대한 헌신은 여러 선 가운데 최고의 선이 아니라, 모든 선한 목적을 구조화하고 목적을 부여하는 원천이었다. 또한 고귀한 왕이든 비천한 농노든 어떤 한 사람이 자신이라는 존재의 목적을 이해할 수 있는 유일한 방식이기도 했다.

개인이 하느님에게서 멀어지도록 하는 아케디아는 결국 하느님의 피조물 자체에 대한 반역이나 무관심을 낳으므로 중대한 문제가 된다. 아케디아에 빠진 사람은 우주의 질서를 거스르는 삶에 만족하게 되는데 그 삶은 고통으로 끝날 수밖에 없다. 더구나 그 고통은 단지 이 세상으로 국한되는 것이 아니다. 언젠가 심각한 배신행위에 대해 하느님에게 정의로운 심판을 받게 될 테니, 영원한 형벌에 처해지는 것이다.

우리는 이러한 세계관을 전부 받아들이지 않더라도, 자신의 번영을 방해하는 "정신의 깊은 무기력"에 대한 아퀴나스의 통찰을 활용할 수 있다. 그는 이러한 무기력이 우리의 온 존재를 잠식한 상태는 단순히 선한 목적을 잠시 미뤄두었다가 언제든지 마음을 먹으면 돌아갈 수 있는 상태와는 다르며 단순한 시간 낭비로 끝나는 것도 아니라고 말한다. 무기력은 사람을 "아무것도 하고 싶지 않게끔" 깊은 침체에 빠뜨린다. 그런 상태에서는 "도저히 일을 시작할 엄두조차 내지 못하며" 특히 "좋은 일로부터 점점 더 멀어지게 되고" 기쁨을 느껴야 마땅한 여러 유익한 일에서도 더이상 기쁨을 느끼지 못한다. 아퀴나스가 최고선과 맺는 관계의 본질이라고 여겼던 사랑과 자비 역시 예외가 아니다.

아퀴나스의 주장이 함의하는 바는, 사랑에서 기쁨을 전혀 느끼지 못하는 것이 사랑이 가치가 없고 거짓이며 파괴적이라는 냉소적 견해보다도, 사랑의 복잡함과 상처가 두려워 애초에 발을 들이지 않는 태도보다도 더 나쁘다는 것이다. 아케디아의 상태에서 우리는 사랑 자체에 대해 무관심하거나 심지어 적대적인 태도를 취하다가 결국에는 사랑 자체를 부정하게 된다. 그 결과 사랑을 바탕으로 성립되는 인간관계, 공동체, 헌신, 선한 일과 같이 가치 있는 수많은 것들이 환상, 덫, 헛된 시간 낭비로 여겨지게 된다.

에바그리우스와 토마스 아퀴나스가 그려낸 아케디아의 핵심은 다음과 같다. 아케디아는 우리로 하여금 삶의 지고한 목표를 추구하기 위한 지속적 노력을 회피하게 만들며, 그리하여 결국 자신을 배신하게 만든다. 아케디아는 일종의 우울한 무관심과 같아서 그 상태에 놓인 사람들은 드높은 이상이 요구하는 끈질긴 노력은 물론이요, 이상 자체를 떠올리는 것만으로도 진이 빠진다. 우리는 우리가 품은 이상을 긍정하고, 또 (요새 표현대로) 우리의 자아와 사회적 정체성의 기반으로 삼기도 하지만, 근본적으로는 이상을 우리를 억누르는 짐이자 인생의 즐거움을 파괴하는 존재로서 체험하게 된다. 그렇게 되면 이상이 우리에게 요구하는 노력은 견딜 수 없이 지루하게 느껴진다. 이상에서 아무런 기쁨을 얻지 못할 때 우리는 이상뿐 아니라 삶 자체에 대한 사랑을 잃어버린다. 그때부터 우리의 삶은 무뎌진 신경계를 흥분시키기 위해 끊임없이 새로운 자극을 찾아 헤매는 과정으로 전락한다. 도덕적 방치라는 사막 속에서, 삶은 차츰 메말라간다.

아케디아에 대한 전통적 해석에 따르면, 이러한 영혼의 무기력은 어떤 대가를 치르더라도 피해야 할 상태다. 왜냐하면 이러한 무기력이 영적 목적에 대한 무관심으로 이어질 경우 어떠한 좋은 결과도 기대할 수 없기 때문이다. 심지어 스스로를 극복할 동기가 되어줄 절망조차도 이 상태에선 기대할 수 없다. 이런 상태에서 개인은 끝내 십자가의 성 요한이 이야기한 "미적지근함"에 빠져들게 된다. 그 속성은 "하느님의 일에 대해 크게 신경쓰지 않거나, 내면에서 어떤 관심도 두지 않는 것"[3]이라고 묘사된다. 아케디아를 이야기한 철학자들은 이런 미적지근함, 즉 어디에도 신경쓰지 않는 무기력이 결국 모든 것과 모든 사람에게로 퍼져나가 심지어 자기 자신에게도 미친다고 말한다.

그러나 후회와 마찬가지로, 권태에도 또하나의 전연 다른 측면이 있다. 권태는 침체되고 의기소침한 무기력이 아니라 정반대의 모습으로도 나타날 수 있다. 다시 말해 우리의 흐릿해진 우선과제에 새로운 시각과 동기를 불어넣는 강력한 자원이 될 수 있다는 말이다. 적어도 우리가 현대에 권태를 바라보는 방식은 이러하다. 에바그리우스가 살던 시대로부터 15세기가 지난 오늘날, 아케디아가 낳는 권태에 대한 해석은 극적으로 달라졌다. 이는 이 책의 핵심 주장과도 연결된다. 권태는 미루기의 원인이자 결과로서 악순환을 유발하지만, 그뿐 아니라 미루기를 극복할 열쇠가 되기도 한다는 것이다.

19세기 초 이래로 권태에 대한 인식이 바뀌면서 권태는 단순한 죄악이나 병적 상태, 우리를 선에서 멀어지게 하여 파멸을 부르는 무언가가 아니라 자신과 세계에 대해 더 진실한 관계를 성립하게 해주는 하나의 왕도로 여겨지게 되었다. 권태에는 분명히 우리의 과업이나 행복을 해치는 파괴적 성격이 있다. 권태에는 우리를 무력하게 만들 힘도 있다. 하지만 현대적 관점에서 권태는 오히려 자기 자신 및 세계와 평소보다 더 친밀하고 생생한 관계를 맺을 가능성을 열어줄 수도 있다. 페르난두 페소아, 프리드리히 니체, 장폴 사르트르, 올더스 헉슬리, 데이비드 포스터 월리스, 그리고 특히 마르틴 하이데거와 같은 많은 사상가와 작가 들이 다양한 방식으로 이런 관점을 표현해왔다.[4]

여기서 핵심은 한낮의 악마가 "태양이 천천히 움직이거나 아예 움직이지 않는 것처럼 보이게 만들고, 하루가 마치 쉰 시간처럼 느껴지게 만든다"라는 에바그리우스의 관찰에 대한 새로운 해석이다. 에바그리우스는 심오한 권태에 빠졌을 때 우리가 어떻게 시간에 위압감을 느끼는지 묘사한다. 시간은 끊임없이 채워지고, 우리를 에워싸고, 무형의 장황함으로 우리를 짓누른다. 에바그리우스의 생생한 설명에서처럼 시간의 권태에 시달리는 수도사들은 그 압박감으로부터 벗어나고자 단조로운 규율이 없는 삶을 절실히 갈망한다. 그런데, 권태 속에서 마주하는 시간에 대한 깨달음은 전혀 다른 방식으로 해석되어 도리어 삶에 활력을 줄 수도 있다. 다시 말해 권태를 우리가 살아가는 데 가장 근본적인 현실, 즉 우리 자신과 세계를 우리에게 드러내주는 현실인 시간과 직접적인 관계를 맺을 수 있게 하는 경험으로 해석하는 것이다. 노벨문학상을 수상한 작가 조지프 브로드스키(1940~1996)는 에세이 「권태를 찬양하며」에서 권태가 "모든 반복, 중복, 단조로움 속에서 순수하고 희석되지 않은 시간 자체를 드러낸다"라고 적는다. 그리고 그는 덧붙인다. "어떤 의미에서, 권태는 시간이라는 세계를 내다보는 당신의 창이다."[5]

아주 심오한 권태 앞에서 드러나는 시간이라는 존재는, 교통 체증에 갇혀 있거나 비행기 출발을 애타게 기다릴 때처럼 매분 매초가 느리게 흐르는 느낌과는 같지 않다. 이렇게 상대적으로 피상적인 권태 속에서 경험되는 시간은 측정 가능하고, 선형적이며, 유한하다. 이때 시간은 '지금'의 연속과 같아서, 교통정체가 풀리거나 비행기 재탑승 시간이 공지되면 끝날 것이다. 우리는 그 사실을 알고 있으며 충분히 예상할 수 있다. 그러나 깊은 권태 속에서 경험되는 시간은 마치 중심도, 가장자리도 없는 망망대해와 같아서 우리의 방향감각 자체를 앗아간다.

어쩌면 드넓은 바다의 이미지조차도 이 문제의 본질을 담기엔 부족할지 모르겠다. 우리가 권태의 심연으로 내려갈 용기를 낼 수 있다고 치자. 브로드스키가 촉구하듯이, 우리가 "그 권태에 몸을 맡기고, 짓눌리고, 가라앉아 바닥을 친다면",[6] 우리는 '시간 속에서 살아간다' 내지는 '내 인생의 사건들이 시간 속에서 일어난다' 같은 표현이 함의하는 바와 달리, 시간은 우리가 존재하기 위해 필요한 매개 이상이라는 사실을 깨닫게 된다.

어떤 의미에서는 우리가 곧 시간이다.

권태를 통해 드러나듯, 우리와 시간의 관계는 물고기가 바다에서 살아가므로 바다가 물고기가 존재하는 매개라고 말하는 것과 다르다. 물고기와 바다는 서로 분리된 실체다. 아무리 바다가 물고기의 온 세상이라고 해도 "물고기가 곧 바다다"라고 말하는 건 말이 안 된다. 하지만 시간과 나의 관계에서는 그런 분리가 불가능하다. 나는 결코 시간 밖에서 나 자신을 생각할 수 없다. 내가 '나'라는 자아를 생각할 때, 그 자아는 단지 독립적으로 흘러가는 '시간' 속에 '놓여 있는' 것이 아니다. 이 말인즉, 나는 흐르는 강물에 서 있는 사람이나 흐르는 강물에 떠밀려가는 존재와는 다르다는 뜻이다. 오히려 내 자아는 시간으로 이루어져 있다. 나는 과거로 구성되어 있다. 오늘날까지 영향을 미치는 기억들과 경험들, 혹은 이미 세상을 떠났지만 내 안에 살아 있는 사랑하는 이들이 나를 구성한다. 나는 미래로 구성되어 있다. 나의 우선과제, 희망, 두려움 등을 끊임없이 미래에 투사하고 있으며 이 역시 기억과 마찬가지로 나의 자아와 분리되어 있지 않다. 이것들은 모두 나의 자아를 구성하는 요소이다. 요컨대, 나의 과거와 내가 투사한 미래는 내가 어떤 한 순간에 나 자신을 체험하는 방식에 깊이 통합되어 있으므로 언제나 나의 일부이다. 그리하여 나의 자아는 곧 시간이 된다.

우리가 누구인지에 대한 이러한 통찰은 오직 아무런 탈출구도 허용하지 않는 깊은 권태 속에서 가장 강렬하게 경험된다.

이와 같은 권태 속에서 우리는 시간의 거대함을 체험한다. 구조화되지 않고 째깍거리지도 않는 텅 빈 시간의 공허함을, 그리고 그 앞에서 철저히 벌거벗은 우리의 존재 상태를 절감한다. 깊은 권태는 단지 아무것도 하지 않아서, 혹은 할일이 없어서 생기는 것이 아니다. 그런 경우엔 아직 선택을 통해 탈출할 자유가, 가능성이 남아 있다. 깊은 권태는 우리가 전혀 의미를 찾을 수 없는 과업에서 허우적댈 때, 혹은 말이 통하지 않는 사람들과의 관계에 갇혀 있을 때 찾아온다. 그보다 더 심한 권태는 그 어떤 일이나 사람에게서도 의미를 찾을 수 없는 상태이다. 의미 없는 세계에서 구석에 몰렸다는 느낌은 현대인들이 자주 경험하는 대표적 감정이며, 현대사회가 권태와 그토록 친밀한 이유이기도 하다. 낮에는 지루한 회사에서 회계장부를 정리하는 일을 했던 시인 페르난두 페소아(1888~1935)는 이렇게 말한다.

권태는 할일이 없어서 생기는 병이 아니라, 어떤 일도 할 가치가 없다는 느낌에서 오는 더 중한 병이다. 그러니 해야 할 일이 많을수록 권태는 더 심해진다. 장부를 정리하다가 고개를 들 때마다, 온 세상이 송두리째 머릿속에서 사라져버린 적이 몇 번이던가. 아무것도 하지 않고, 할일도 없이 가만히 있는 편이 차라리 나을 것이다. 그런 상태는 현실로 다가오긴 하지만 적어도 어느 정도 즐길 수는 있다. 그러나 지금의 내 상태에선 휴식도 없고, 고결함도 없으며, 불편을 느끼는 데서 오는 아늑함도 없다. 내가 하는 모든 몸짓이 끔찍이 무감각하다. 내가 결코 하지 않을 몸짓들로 느낄 피로의 가능성조차 존재하지 않는다.[7]

.미루는 행위에는 이렇게 갇혀 있는 듯한 감각이 대단히 자주 수반된다. 우리가 자유롭게 자신의 의지로 결정한 과제를 미루고 있을 때도 마찬가지다. 에바그리우스가 관찰한 수도사들이 처음 수도생활을 시작했을 때, 과연 진심이 아니었겠는가. 실은 우리가 강한 내적 확신을 품고 선택한 일일수록 권태는 더욱 억압적으로 다가온다. 우리가 이렇게 진정성 있는 선택에서조차 계속해서 의미를 찾지 못한다는 건, 그 어디에서도 안정적으로 의미를 찾을 수 없을 가능성이 높다는 뜻이기 때문이다. 그야말로 악몽이다. 우리가 스스로 자유롭게 선택했다고 여기는 상황에서도 답답함을 느낀다면, 그리고 스스로 결정권을 가지고 있음에도 무력하다고 느낀다면, 권태가 얼마나 두려운 것인지 슬슬 체감이 될 수밖에.

하지만 우리를 구원하는 권태의 힘 또한 바로 이 지점에 깃들어 있다. 귀스타브 플로베르가 『마담 보바리』에서 묘사한 것처럼 "가슴의 그늘진 구석에 거미가 조용히…… 거미줄을 치듯"[8] 뿌리를 내리는 권태의 고통은 후회와 마찬가지로 우리가 과연 지금 올바르게 살고 있는지, 우리가 택한 우선과제가 정말 우리에게 맞는지 자문해보게끔 한다. 권태 앞에서 우리는 굳게 확신하고 있던 선택마저 재고하게 된다. 후회와 마찬가지로 권태는 미루기를 부추기는 원인의 하나일 뿐 아니라, 우리가 가치를 재조정하고 목표를 다시 점검하도록 만들어주는 능동적인 요소다. 권태는 무엇을 버리고 무엇을 간직한 채 나아가야 할지 비추는 탐조등이 되어준다. 그래서 후회처럼, 권태는 우리로 하여금 마침내 행동에 나서게 하는 강력한 창조적 충동이 될 수 있다. 기독교 철학자였던 키르케고르는 권태를 "모든 악의 근원"이라고 표현하는 등 권태에 우호적이지 않았지만, 그런 그조차 창세기의 신은 권태에 의해 세상을 창조했다고 말했다. 하느님은 처음 만든 인간 아담이 권태로워하자 이브를 만들었고, 태초의 그들 한 쌍으로부터 인류 전체가 발원하였다는 것이다. 키르케고르는 권태가 "세계의 태초"까지 거슬러올라간다고 말한다. "신들이 권태로워 인간을 창조했고, 아담이 혼자라서 권태로워하니 이브가 창조되었다. 권태는 그때 세상에 들어왔고, 인구 증가에 정확히 비례하여 증가했다."[10]

하지만 권태는 후회보다도 더 깊숙이 영혼을 파고들 수 있다. 권태는 단지 우리가 오래된 우선과제를 버리거나 새로운 우선과제를 만들어내게 하는 데 그치지 않고, 세계와 더 밀접하고 직접적인 관계를 맺도록 이끈다. 권태는 우리로 하여금 두렵고 때로는 전율적이기까지 한 현실의 민낯을 직면하게 만든다. 보호막을 모조리 걷어내고 자신의 존재를 대면하게 만든다. 그리하여 마주한 날것의 현실 속에서, 우리는 가치나 목적, 성취나 생산성, 희망이나 노력 따위로 표현되는 존재가 아니다. 우리는 이름 붙일 수 없고 말로 설명할 수도 없이 다만 고집스럽게 살아 있는 실존 자체로서 존재한다. 이렇게 권태에서 도망치지 않고 그것이 우리 내면 깊숙한 곳에 와닿도록 허용할 때, 권태는 우리 존재의 기반을 드러내준다. 성공과 실패, 자존감과 타인이 보는 우리의 지위에 의해 규정되지 않고 영향을 받지도 않는, 환원 불가능한 우리의 순수한 실존을 밝혀준다.

이렇듯 날것의 현실과 우리 존재의 기반을 직접적으로 경험하는 일에 대해서는 간단히 말하는 것은 물론이요, 표현하는 것 자체가 어렵다. 이런 경험은 장자크 루소가 1765년 여름에 스위스 비엔 호수 한가운데의 외딴 생피에르섬에 머무르며 묘사한 '존재하고 있다는 느낌 le sentiment de l'existence'에 비견될 수 있을 것이다. 그는 그곳에서 여섯 주 동안 머물며 "영혼에 채워야 할 빈틈이 조금도 남아 있지 않은, 충분하고 완전하며 완벽한 행복"을 경험했다. 황홀경 속에서 시간은 끝없는 현재이며, 사람은 "자신의 존재 자체를" 깊이 즐긴다. 그런 의미에서 "우리는 신처럼 자족적이다".[11] 한편 권태의 현실을 외면하고 억지로 버티거나 초조하게 몸부림치며 회피하려 드는 것은 이러한 자기 계시에 정면으로 반하는 일이다. 니체는 이를 아름다운 말로 표현했다. "권태에 대해 철저히 보루를 쌓는 자는 자신에 대해서도 보루를 쌓는 것이다. 그는 자기 존재의 가장 깊은 샘에서 길어올리는 가장 진하고 상쾌한 한 모금의 물을 결코 마실 수 없을 것이다."[12]

우리가 삶을 관리하고 통제하려는 태도로 살아갈 때, 또한 끊임없이 주의를 전환할 때, 환원 불가능하고 활력 넘치는 우리의 존재에 직접 가닿기는 어려워진다. 그렇게 해서는 부정할 수 없으나 정확히 붙들기도 어려운 실재를 접할 수 없다. 잠깐이나마 자신의 존재에 닿는 것은 권태가 우리에게 주는 가장 위대한 선물이며, 따라서 미루기의 가장 큰 축복이기도 하다. 이 선물을 받기 위해 우리는 권태를 느끼는 불쾌한 순간에 회피하지 않고 권태 안으로 충분히 잠겨 들어가, 마침내 권태가 우리에게―때로는 침묵 속의 절규처럼―말하려 하는 바를 들어야 한다. 권태는 우리가 어떤 사람이며 어떤 사람이 아닌지 알려준다. 우리가 잘못된 우선과제를 따르고 있는지, 혹은 우선과제는 올바르게 설정했으나 그것을 추구하는 방법이 틀렸는지에 대해 알려준다. 이 선물을 받는 건 언제나 어렵다. 권태를 견디는 것은, 권태에 이끌려 지금까지 우리가 오랫동안 회피했거나 낯선 타인처럼 무심코 지나쳐왔던 자아로 향하는 것은, 무참히도 고집스러운 인내심을 요구하기 때문이다. (어쩌면 그래서 니체는 이렇게 덧붙였는지도 모른다. "신들조차도 권태 앞에서는 고투한다."[13])

데이비드 포스터 월리스(1962~2008)만큼 권태가 주는 선물의 전율을 생생하게 표현한 사람은 없을 것이다. 그는 대학시절부터 앓던 우울증으로 마흔여섯의 나이에 자살하면서 미완성 소설 『창백한 왕』과 함께 유서를 남겼다. 그는 목을 매달기 전에 작업실로 사용하던 차고의 조명을 켜두었다. 그 불빛 아래에 하드 드라이브, 플로피디스크, 링 바인더, 손으로 쓴 노트, 열두 챕터 분량의 원고 등이 뒤섞인 종이 더미가 놓여 있었다. 그의 아내인 화가 캐런 그린이 발견한 유서에는 이렇게 적혀 있었다.

황홀함은—의식을 지니고 살아 있다는 선물에 대해 매 순간 느끼는 기쁨+감사는—실은 나를 짓누르고 으깨는 권태의 저편에 존재한다. (세금 신고서나 텔레비전에서 중계하는 골프 경기처럼) 대단히 지루한 것에 정신을 바짝 집중하면 이내 지금껏 겪어본 적 없는 권태가 파도처럼 밀려오고 죽을 것 같은 기분이 든다. 그걸 버텨라. 이는 흑백에서 총천연색 세계로 걸어나가는 것과 같다. 사막에서 며칠 만에 마시는 물처럼. 모든 원자에 깃든 끊임없는 황홀감.[14]

9

완전한 충족이라는 신기루에 저항한다

러시아의 대문호 레프 톨스토이는 말년에 쓴 『고백록』에서 이렇게 털어놓았다.

쉰 살의 나이에 나는 어리석은 아이에서 지혜로운 노인에 이르기까지 모든 사람의 마음속에 자리한 아주 단순한 질문에 이끌려 자살의 문턱까지 갔다. 내 경험에 비추어볼 때, 살면서 불가피하게 한 번쯤은 던지게 되는 그 질문은 이것이다. 오늘이나 내일, 내가 하는 일의 결과는 무엇인가? 내 인생 전체가 남기는 결과는 무엇인가? 달리 표현하면, 나는 어째서 살아가는가? 나는 어째서 무언가를 바라거나 행동하는가?[1]

톨스토이는 겸손의 상징과는 거리가 멀었다. 그는 생전에 세계적인 명성을 누렸고 '유명인사'를 자처했으며 전기작가 A. N. 윌슨에 따르면 "남몰래 자신이 사실 세계에서 가장 위대한 문학적 천재라고 믿고 있었다".[2] 그럼에도 『전쟁과 평화』와 『안나 카레니나』 등 오늘날 고전으로 꼽히는 수많은 작품을 써낸 뒤, 나이 쉰을 바라보던 시점에 그는 자신의 삶이 낳을 결과가 무엇인지를 두고 괴로워했다. 그는 죽음을 피할 수 없는 인간이라면 누구나 이 질문을 던지게 된다고 믿었고, 이 질문으로 인해 자살마저 고민하게 되었다.

미루기에서 이 질문은 확실히 치명적일 수 있다. 오늘이나 내일 내가 하는 일은 어떤 결과로 이어질까? 나는 어째서 무언가를 바라거나 하려 드는가? 문제는 단지 우리가 지금 하는 일이나 인생 전체에 걸쳐 하는 행동들이 어떤 결과를 낳을지 예측할 수 없다는 것뿐만이 아니다. 톨스토이처럼 회의적 태도로 접근할 때 이 질문은 우리가 삶에서 소중히 여겨온 모든 과제를 흔들고 무너뜨릴 수 있다. 우리는 우선과제로부터 멀어지고, 우리의 동기는 행동을 마비시키는 회의감으로 오염된다. 그 결과 우리는 답 없는 체념에 빠져드는 것이다. 톨스토이는 이렇게 말했다.

내 삶은 멈춰버렸다. 숨쉬고, 먹고, 마시고, 자는 일은 할 수 있었으며 살아 있으니만큼 그런 일을 하지 않을 수도 없었다. 그러나 내 안에는 삶이 없었다. 내게 반드시 충족할 만한 가치가 있다고 여겨지는 욕망이 조금도 없었기 때문이다. 뭔가 원하는 것이 생기더라도, 그것을 이루든 이루지 못하든 별다른 결과를 낳지 않는다는 걸 나는 이미 알고 있었다.[3]

그리하여 아무리 대단한 세속적 성공을 거둔대도, 그 가치가 무엇인지에 관해 답할 수 없는 질문의 교수대에 놓이게 된다. "그래, 좋아. 네가 고골이나 푸시킨, 셰익스피어, 몰리에르보다 더, 아니 세상의 모든 작가보다 더 유명해질 거라고 치자. 그래서 어쨌다는 거지?"[4] 톨스토이가 다다른 결론은 "삶은 무의미하다"라는 것이었다. 그의 작품을 번역한 제인 켄티시는 톨스토이가 위의 글을 쓴 지 얼마 지나지 않은 1880년대 초반에 "문학적 성공에 대한 자부심을 부정하게 되었고, 『안나 카레니나』를 '내게는 더이상 존재하지 않는 거나 다름없는 혐오스러운 것'이라 불렀다"라고 전한다.[5]

톨스토이의 질문처럼 동기를 송두리째 삼켜버리고 삶 전체의 의미를 앗아가는 의문에 한번 사로잡히면 거기서 벗어나기란 거의 불가능할 정도로 어렵다. 하지만 이 의문은 미루기를 유발하는 가장 강력한 원인 중 하나이므로, 완전히 벗어날 수는 없더라도 그 안에서 자유를 찾을 방법을 강구해야만 한다.

물론 쉬운 일은 아니다. 사실 이 책에서 제시하는 일곱 가지 미루기 극복법 가운데, 이 방법이 적어도 내게는 단연코 가장 실천하기 어려웠다.

무언가를 바라거나 행하는 것에 의미가 없다는 절망은 전연 다른 방식으로 표현될 수도 있다. 19세기의 대표적 염세주의 철학자 아르투어 쇼펜하우어는 안정적인 만족에 다다르기 자체가 애초에 불가능하다고 단언한다. 하물며 궁극적인 만족은 오죽할까. 쇼펜하우어는 이것이 욕망의 본성 자체에서 기인하는 속성이라고 주장한다. 만일 어떤 욕망이 충족되더라도 우리가 느끼는 기쁨은 찰나에 불과하며, 기쁨은 곧 권태로 바뀌고, 우리는 다시 새로운 욕망을 찾아나서거나 더 바랄 것이 없다는 절망에 빠지게 된다. 반대로 욕망이 좌절되거나 아직 충족되지 않은 상태에서는 좌절에 빠져 괴로워한다. 다시 말해 욕망의 충족과 좌절은 희망의 부재라는 끈으로 한데 단단히 묶인 소울 메이트와 같다. 어느 쪽에서든 우리는 고통받는다. 쇼펜하우어의 표현을 빌리자면, 인간 존재의 "궁극적 구성 요소"는 "고통과 권태 사이를 오가는 진자처럼 흔들리는" 것이다. 욕망은 "채워지지 않는 갈증"이기에 어떤 하나의 욕망을 채우거나 목표를 이룸으로써 영속적인 기쁨을 얻으려는 시도는 숙명적으로 실패할 수밖에 없다.[6] 쇼펜하우어는 이렇게 말한다.

모든 **의욕**은 결핍과 부족함에서, 즉 고통에서 비롯한다. 욕구는 충족되면 끝난다. 그러나 하나의 소망이 이루어진다 한들 적어도 열 가지의 소망은 이루어지지 않고 남는다. 더욱이 욕망은 오래 지속되며 요구와 바람은 무한히 이어지는 반면, 충족감은 짧고도 인색하다. 심지어 궁극적인 충족감도 겉보기에만 그러할 뿐이다…… 우리가 쟁취하는 어떠한 대상도 우리에게 오래 지속되며 줄어들지 않는 만족을 주지는 못한다. 만족이란 언제나 거지에게 던져지는 적선과 같아서, 오늘 하루 그를 살려서 내일 비참하게 만드는 법이다…… 그러므로 욕망하는 주체는 익시온의 회전하는 바퀴에 묶여서, 다나오스의 딸들처럼 밑 빠진 항아리에 물을 부으며, 영원토록 갈증을 느끼는 탄탈로스와 같은 처지에 놓인다.[7]

신화에 등장하는 왕 익시온은 그리스신화 속 최고신 제우스의 아내 헤라를 유혹하려 한 죄로 끝없이 회전하는 바퀴에 몸이 묶여 빠져나오지 못하는 형벌을 받는다. 쇼펜하우어는 욕망을 좇는다는 건 이처럼 끝없는 고통의 바퀴에 묶이는 것이라고 본다. 그렇기에 삶의 가장 높은 목표를 욕망의 중단이라고 주장한다. 익시온의 바퀴에서 해방되기 위해서는 만족을 향한 모든 갈망에서 벗어나야 한다는 것이다.

그러나 성공은 쇼펜하우어가 말한 것과 정반대의 이유로도 충족감을 주지 못할 수 있다. 즉 우리가 성공에서 충족감을 느끼지 못하는 까닭은 목표를 달성한 뒤 권태에 빠져서가 아니라, 반대로 목표 달성에서 얻는 기쁨이 참을 수 없이 크기 때문이다. 여기서 말하는 참을 수 없는 기쁨이란 단순히 쾌락적인 도파민 분출에 중독되어 점점 더 큰 자극을 갈망하게 되는 현상을 이야기하는 것이 아니다. 인생에서 꿈꾸던 물질적 풍요를 이룬 복권 당첨자가 그 꿈이 실상은 공허하다는 사실에 절망하는 사례도, 평생의 고된 노동에서 벗어나 시간을 마음껏 쓸 수 있게 된 은퇴자가 방향과 목적을 잃고 우울증에 빠지는 사례도 아니다. 기쁨의 역설은 심지어, 행복이란 그것을 좇으면 도망치지만 의미 있는 목적을 지향하며 살다보면 부산물로 찾아온다는 유명한 명제와도 무관하다. 여기서 기쁨을 참을 수 없다는 건, 말 그대로 성공 자체의 기쁨을 감당하지 못하는 경우를 이야기한다. 사람들은 자신이 가장 중요하게 여기는 목표, 그중에서도 특히 힘겹고 오랜 노력을 요구했던 목표를 이룰 때 찾아오는 순수한 행복을 두려워하기도 한다.

지그문트 프로이트는 1916년의 한 에세이에서 성공이 사람을 "망가뜨릴 수 있다"라고 주장한다. "오랫동안 간절히 바랐던 소원이 마침내 이루어지면 앓아눕는 사람들이 있다. 마치 자신의 행복을 견디지 못하는 것처럼 보인다. 그들의 성공과 병 사이에는 분명히 인과관계가 있다."[8]

프로이트는 이 현상을 양심과 그에 따르는 죄책감 때문으로 설명한다. 위의 대목을 애덤 필립스는 다음과 같이 해설한다.

> 어떤 것을 상상 속에서 원할 수는 있지만 실제로 그 상상
> 이 충족되는 것은 위험할 수 있다. 그 대상은 금기된 욕망
> 일 수도 있고, 압도적인 기쁨일 수도 있으며, 혹은 의존하
> 게 되는 기쁨이거나 다른 사람들의 질투심을 자극하고 공
> 격을 불러오는 기쁨일 수도 있다. 우리의 쾌락과 만족은
> 누군가의 결핍과 고통을 대가로 얻어진 것일지도 모른다.
> 어째서 쾌락이 문제가 되는지에 관해서는 정신분석학자들
> 이 실재한다고 밝혀낸 여러 타당하고 흥미로운 이유가 있
> 다……[9]

쾌락이 문제가 되는 여러 이유 가운데 가장 알쏭달쏭한 것은
죄책감, 금기된 욕망, 타인에게 해를 끼칠지도 모른다는 두려
움, 타인의 질투를 불러일으킬 수 있다는 우려와 같이 양심이
즐거움을 가로막는 경우가 아니다. 쾌락이 문제시되는 가장 까
다로운 경우는 기쁨이―특히 우리라는 사람 자체를 강력하게
인정하고 확증해주며 타인과 우리에게 깊은 유대감을 안겨주
는 성취나 행운의 형태로―찾아올 때, 그 감정이 지나치게 강
렬한 나머지 우리의 정체성과 안전감을 위협할 수 있다는 점이
다. 소중한 프로젝트를 마무리했을 때, 예상치 못한 큰 상을 받
았을 때, 갑작스레 유명해졌을 때, 절대 이루어지지 않을 것 같

던 사랑이 뜨겁게 성사되었을 때, 오랫동안 사회적 개혁을 위해 기울인 노력이 헛수고가 될 뻔했다가 마침내 결실을 맺었을 때, 이런 크나큰 승리는 우리 마음과 정신을 아찔한 혼란에 빠뜨릴 수 있다. 감당할 수 없는 환희가 공에 격렬하게 공기를 불어넣듯이 우리를 한없이 부풀린다. 우리의 존재는, 우리라는 인간의 틀은 그런 크나큰 기쁨을 담아낼 수 없다. 우리는 자신을 견딜 수 없을 만큼 실재하는 존재로 느끼게 되며 세상과의 관계 속에서도 스스로를 대단히 현실적으로 느낀다. 그리하여 이렇게 되어버린 자신을 어떻게 해야 할지 모르고 허우적거린다. 성공은 우리의 자아감을 강화하고 선명하게 만들지만, 그로써 기존에 우리에게 익숙했던 편안하고 흐릿한 자아상은 위협받고 우리는 자기 자신이라는 섬에 고립되어버린다. 그 결과 성공과 승리감은 우리가 가장 바라는 것인 동시에 가장 두려워하는 것이 된다.

인간의 육체가 감당할 수 없을 수준의 행복이 존재한다는 사실은 프랑스 작가 스탕달(1783~1842)의 1817년 피렌체 방문 회고에서 잘 드러난다. 스탕달은 『연애론』에서 아름다움이 "단지 행복의 약속일 뿐"이라고 적었다. 그러나 그는 피렌체의 산타크로체 대성당을 방문했을 때 바로크 화가 발다사레 프란체스키니('일 볼테라노'로 알려져 있다)의 프레스코화에서 차마 감당할 수 없는 행복의 광경을 목격한 모양이다. 그는 여행 회고록에 다음과 같이 적었다.

산타크로체 성당의 현관을 빠져나오자마자 심장이 격렬하
게 두근거렸다(베를린에서는 이런 일을 신경발작이라 부른다).
내 안에서 생명의 샘이 말라버렸다. 나는 땅에 쓰러질까봐
겁을 내며 걸었다.[10]

스탕달이 숭고한 아름다움 앞에서 보인 반응은 세간에 널리
알려져 하나의 의학용어로 굳어졌다. 이탈리아 정신과의사 그
라치엘라 마게리니는 1989년에 이에 스탕달 증후군이라는 이
름을 붙였고, 그 증상에 "어지럼증, 심계항진, 환각, 방향감각
상실, 자아혼란, 신체적 탈진" 등이 포함된다고 밝혔다.[11]

이렇듯 행복에 감당할 수 없는 힘이 깃들 수 있다고 이야기
한 사람이 스탕달만은 아니다. 독일어로 작품활동을 했던 보헤
미아의 시인 라이너 마리아 릴케 역시 『두이노의 비가』에서 비
슷한 감정을 노래한 바 있다. 1912년부터 십여 년에 걸쳐 집필
된 그의 대표작인 이 시집에는 이러한 사유가 담겨 있다.

아름다움은 그 무엇도 아닌
두려움의 시작일 뿐, 우리가 가까스로 견디며
그것이 우리를 파괴하지 않는다는 사실에 경외하는 것
모든 천사는 무섭다.[12]

그러나 기쁨에 깃든 두려운 힘이 가장 극적으로 드러나는 순간은 고대신화 속에 있다. 신화 속의 필멸자들은 신적 존재를 잠깐이라도 직시하는 순간 죽을 위협에 처한다. 구약성서에서 모세가 하느님에게 "당신의 존엄한 모습을 보여주십시오" 하고 청하자 하느님은 매서운 경고로 답한다. "나의 얼굴만은 보지 못한다. 나를 보고 나서 사는 사람이 없다." 모세가 실수로라도 자신의 모습을 보지 못하도록 하느님은 말한다. "내 존엄한 모습이 지나갈 때, 너를 이 바위굴에 집어넣고 내가 다 지나가기까지 너를 내 손바닥으로 가리리라. 내가 손바닥을 떼면, 내 얼굴은 보지 못하겠지만 내 뒷모습만은 볼 수 있으리라."[13] 인간이 도달할 수 있는 최고의 경지는 곧 신과 마주하는 것이며, 이는 결국 존재의 소멸을 의미한다.

톨스토이를 괴롭혔던 것과 같은 끔찍한 질문들이 우리의 의식으로 불쑥 침입할 때, 우리는 어떻게 해야 할까? "내 모든 삶의 결과는 무엇일까?" "이 모든 것이 다 무슨 소용일까?" 이런 질문들이 떠오를 때, 어떻게 해야 할까? 소중한 것으로 여기며 추구해온 삶의 모든 우선순위에 회의가 들고 저항할 힘이 사라질 때, 우리는 어떻게 해야 할까? 그 결과 삶의 우선과제는 멀어지고 묵직한 성취조차 하염없이 가볍게 느껴질 때, 어떻게 해야 할까?

나는 자주 이런 질문의 습격을 받고 맞서 싸우다가, 네 가지 무력화 방법을 알게 되었다.

첫번째 방법은, 내 인생 전체가 어떤 결과를 낳을지 알아내는 게 애당초 불가능하다는 사실을 인정하는 것이다. 그렇다면 톨스토이의 질문 자체가 무의미해진다. 내가 지금껏 한 일들이 어떠한 수많은 파급 효과를 낳았는지 알 길은 없다. 더 본질적으로는, 내가 중요하게 여기는 단 하나의 우선과제(예를 들어 부모로 산다거나, 자선단체에서 일한다거나, 엔지니어로 일하는 것)로부터 비롯한 성취, 의미, 기쁨, 달성한 소망과 같은 수많은 결과 각각의 순가치를 계산하는 건 불가능하다. 하물며 우리의 모든 우선과제를 두고 이런 계산을 하기란 당연히 불가능할 것이다. 하나의 우선과제가 낳는 결과를 측정할 척도 같은 건 없으며, 모든 우선과제의 결과를 측정하고 합산할 단일한 척도 역시 당연히 존재하지 않는다. 예를 들어 엔지니어인 나, 부모인 나, 여가시간에 자원봉사를 하는 나, 이런 모든 '나'가 만들어내는 목적과 기쁨은 제각각 너무나도 다르고 그 결과들은 합산될 수도 서로 비교할 수도 없다. 만약 내가 종교적인 사람이었다면, 내 인생에서 산출된 가치의 총합이 무엇인지 전지전능한 신에게 물을 수도 있을 것이다. 하지만 내가 할 수 있는 일은 단지 매 순간 내가 이해하는 방식으로 좋은 엔지니어, 좋은 부모, 좋은 자원봉사자가 되기 위해 계속 노력하는 것뿐이다.

그러므로 나는 임종의 순간에도 내 인생 전체가 어떤 결과를 이루어냈는지 정확히 말할 수 없을 것이다. 따라서 내가 삶을 충실히 살았는지, 내 잠재력을 온전히 실현했는지를 판단할 수도 없을 것이다. 그런데 이는 어디까지나 우리가 각자 최대치의 잠재력을 가지고 있으며 그 잠재력이 측정 가능하고 도달 여부를 알 수 있다는 전제로 하는 이야기다. 사실 내게는 이런 전제 자체가 의심스럽다. 이보다 훨씬 더 그럴듯하면서 훨씬 더 흥미롭고 동기를 부여하는 생각은, 삶에는 결승선이 없다는 것이다. 우리가 마침내 완전히 충족되는 상태란 존재하지 않는다.

그러니 만일 당신이 지금껏 인생에서 추구하고 이룬 일들이 어떤 의미인지, 그것들이 자신의 잠재력을 온전히 실현한다는 목표에 얼마나 가까이 다가갔는지에 대해 확답을 기대하는 사람이라면, 이제는 현실을 받아들여야 한다. 그런 답은 존재하지 않는다. 그런 답이 주어지지 않는다고 해서 동기와 의욕이 꺾이는 것은 불합리할 뿐더러 비극적인 일이다.

톨스토이의 질문에 대응하는 나의 두번째 방법은, 우리가 성취에서 얻는 만족감은 수명이 짧을 수 있다는 사실(내 생각엔 대부분의 경우 그렇다)을 이해하는 것이다. 이를 알고 보면 톨스토이가 대단한 문학적 성공에서 더이상 충족감을 느끼지 못하게 된 것도 전혀 이상하지 않다. 하지만 그렇다고 해서 우리가 추구하는 목표 자체에 대한 믿음이나 기쁨마저 잃을 까닭은 없다. 현실적으로 쾌락은 생생하게 기억하기가 어렵다(정도는 덜하지만 고통도 그렇다). 예컨대 재차 경험되는 황홀경이나 트라우마처럼 아주 극단적인 형태가 아니라면, 쾌락의 감각이 불러일으킨 구체적인 느낌은 밤하늘 속 연기처럼 스르르 사라져버린다.

우리는 쾌락이나 고통을 느꼈다는 사실은 뚜렷하게 기억할 수 있다. 하지만 시간이 지나면 구체적 감각 자체는 희미한 흔적만 남는다. 감각을 재현해내기 위해서는 그 감각을 촉발한 사건들을 마음속에서 최대한 생생하게 다시 떠올려야만 한다. (나의 경우 다시 경험하지 않고서도 선명하고 정확하게 경험을 기억해내는 능력이 가장 뛰어난 감각은 청각이다. 그다음이 시각, 후각과 미각, 마지막으로 촉각인데, 촉각은 아마 가장 기억에 남지 않아서 과소평가되는 감각일지도 모른다. 예컨대 나는 멜로디를 한두 차례만 들어도 오랫동안 기억할 수 있지만, 수없이 먹어본 당근의 정확한 맛이나 냄새는 떠올리기 어렵다. 기억은 우리가 경험한 쾌락의 풍부한 면면을 보존하는 면에서는 상당히 무능하다.)

예를 들어 수년에 걸쳐 소설을 집필하는 것처럼 고된 프로젝트에 몰두할 때, 우리는 재능과 기술을 발휘하여 글을 쓰는 과정 자체에서 상당한 기쁨과 고통을 동시에 겪는다. 작품을 완성하는 것에는 고유한 특별한 기쁨이 있으며, 뒤따르는 성공 역시 즐겁다. 하지만 이런 모든 충족의 원천이 오래도록 지속되고, 신선함을 유지하며, 세월이 지나도 늘 우리 곁에 안정적인 충만감으로 머무르리라고 기대하는 것은 헛된 꿈이다. 헛된 기대는 결국 실망을 낳고, 그 실망은 다시 동기를 잃고 미루는 원인이 된다.

충족감이 불안정할 수 있다는 것은—결국은 메말라버리며 끊임없이 다시 새롭게 채워져야 한다는 것은—알고 보면 낙담할 일이 아니다. 오히려 이러한 취약함이야말로 우리가 새로운 성취와 신선한 경험을 추구하도록 움직이는 동력이 되어 삶의 풍요로움을 낳는다.

톨스토이의 질문에 대응하는 세번째 방법은 작가 본인이 스스로 추구했던 길이기도 하다. 그것은 '내 인생의 결과가 무엇인가'라는 질문에 대한 집착을 내려놓고 자기라는 개인을 초월하는 대의에 더 헌신하는 길이다. 달리 표현하면, 자신의 행복에 대한 욕심을 넘어 타인의 행복에 진심으로 헌신하는 길이다. 그 타인은 자신의 가족일 수도 있고, 지역 사회나 도움이 필요한 낯선 이들, 멸종 위기에 처한 생물종, 지구 생태계 전체, 혹은 인류 전체일 수도 있다. 이러한 헌신은 삶에 평온함과 목적의식, 어딘가 소속됨에서 오는 기쁨을 회복시켜줄 수 있다. 오직 자신만을 충족시키려는 이기적인 마음으로 목적을 추구할 때는 안정적으로 얻을 수 없는 것들이다.

하지만 정말로 이러한 자기초월이 이 글에서 말하는 위기의 궁극적 해답이 될 수 있을까?

19세기의 위대한 사회 개혁가이자 자유주의 철학자였던 존 스튜어트 밀의 경험은 그것이 반드시 해답은 아님을 보여준다. 철학자 키어런 세티야의 저서 『어떡하죠, 마흔입니다』에 따르면 밀 역시 톨스토이처럼 초인적 성취를 이루고 극심한 절망에 빠졌다.[14] 톨스토이가 그로 인해 자살 충동의 밑바닥까지 내몰렸다면, 밀은 세상을 더 나은 곳으로 만들고자 하는 고귀한 포부에서 자신이 기이하게도 더는 기쁨을 느끼지 못한다는 현실을 깨닫고 신경쇠약을 겪게 되었다. 평소라면 그에게 "만족스러운 짜릿함"을 안겨주었을 모든 것이 이제는 "무미건조하거나 무관심하게" 느껴졌다. 밀은 자서전에서 톨스토이의 질문에 대한 자신의 답이 무엇이었는지 적는다.

> 당신이 인생에서 바라는 모든 목표가 실현되었다고 가정하자. 당신이 바라는 사회제도나 여론의 변화가 전부 지금 이 순간 완전히 이루어졌다면, 당신은 진정한 기쁨과 행복을 느끼겠는가? 그러자 나의 억누를 수 없는 자의식이 즉각 충격적인 대답을 내뱉었다. '아니요!' 이 대답에 심장이 무너지는 기분이 들었다. 내 삶을 지어올린 모든 토대가 한순간에 붕괴한 것이다. 나는 오직 이 목표를 향해 끊임없이 나아가는 과정 속에 나의 행복이 있으리라 믿어왔다. 그런데 목표 자체가 더이상 매혹적이지 않다면, 목표를 이루는 수단에 어찌 흥미를 느낄 수 있겠는가? 내게는 살아갈 이유가 조금도 남지 않은 듯했다.[15]

이 글을 적었을 때 밀은 고작 스무 살이었으니, 일반적으로 중년에 찾아오는 이러한 위기를 겪기엔 너무 이른 나이처럼 보일 수도 있겠다. 하지만 스무 살의 밀이 보통 그보다 두 배쯤 나이가 많은 사람에게 찾아오는 무의미의 위기를 겪은 것은 이미 많은 성취를 이루었기 때문이었다. 밀은 어린 시절 야심가였던 아버지에게 사교육을 받아서 세 살에 고대 그리스어를 공부하기 시작했다. 라틴어 공부를 시작한 여덟 살에는 이미 헤로도토스 전권과 크세노폰의 상당 부분, 플라톤의 초기 여섯 권을 뗐다. 열한 살에는 뉴턴의 『프린키피아』를, 열두 살에는 아리스토텔레스의 논리학을 공부했으며, 열다섯 살에는 역사, 법학, 정치경제학, 철학 등 광범위한 학문을 파고들었다.

이처럼 숨막히게 치열하고 외로웠던 성장기를 보건대 그가 결국 어느 순간 무너진 건 그다지 놀랍지 않다. 하지만 밀 자신의 설명은 다른 방향을 가리킨다. 그는 이러한 배움의 길을 밟아 나아가다가 열다섯 살에 자신의 삶의 목적이 무엇보다도 행동에, 구체적으로는 사회 개혁에 있다고 느꼈다고 말한다. "내 인생에는 진정으로 '목표'라 부를 수 있는 것이 있었다. 그것은 세상을 개혁하는 사람이 되는 것이었다."[16] 그는 이 목표에 온 마음을 다하여 임했다. 그런데 그로부터 불과 오 년 뒤, 스무 살이 된 그는 꿈꾸는 대로 타인의 삶을 개선시키는 모든 개혁에 성공한다면 어떤 기분이 들지 자문해보았다. 그가 찾은 대답은, 그런 승리 뒤에는 행복도 기쁨도 아닌 공허감만 느끼리라는 것이었다.

밀이 사회개혁에 헌신한 동기가 궁극적으로 자신의 충족감을 모색하기 위해서였는지, 아니면 진정한 자기초월에서 비롯한 것이었는지는 알 수 없다. 밀이 타인의 삶을 개선시키는 데 헌신하면서, 그로써 자신이 삶을 최적으로 살아냈다고 이른바 '정당화'할 수 있을 만한 안정적인 만족감이나 자기인식을 (헛되이) 기대했는지도 알 수 없다. 만약 밀이 그런 동기와 기대를 품었으며 그것이 좌절되는 바람에 톨스토이와 같은 절망으로 빠져들었다면, 바로 여기에 톨스토이의 질문에 대응하는 네번째 방법이 숨어 있다. 이는 우리가 절망의 미로에서 빠져나올 열쇠이기도 하다.

네번째 방법은 대략 이렇게 설명할 수 있다. 앞서 말했듯이, 우리에게 의미를 주고 삶에 대한 회의감을 걷어내는 안정된 충족 상태란 존재하지 않는다. 그러나 정말로 중요한 것은 삶이라는 여정 그 자체다. 셰익스피어 작품 속 크레시더(『트로일러스와 크레시더』의 등장인물―옮긴이)의 "얻어진 것은 행해진 것이며, 기쁨의 영혼은 행하는 일에 있다"라는 대사, 공자의 발언으로 전해지는 "길은 목적지가 아니라 여행을 위해 만들어졌다"라는 문장, "길 자체가 목표다"라는 독일의 잘 알려진 격언은 모두 같은 의미를 담고 있다. 우리가 충만하게 잘 살아낸 삶은 상상할 수 있는 최상의 삶은 아닐지 몰라도, 우리가 가장 소중히 여기는 목표들을 추구하는 활동에 힘과 재능을 풍부히 쏟아부은 삶일 것이다. 그런 삶에서는 여정의 각 단계마다 새로이 충족감이 찾아온다.

그리고 우리는 괴테(1749~1832)를 비롯한 많은 이들이 그랬듯이 여기서 한 발짝 더 나아갈 수 있다. 우리가 행동으로써 만들어나가는 여정은 삶이라는 분투 속에서 발견되는 의미의 핵심이며, 그뿐 아니라 그 여정의 중심에는 현재라는 한순간이 있다. 지금 이 순간은 우리의 열렬한 주의를 요구한다. 총 일만 이천 행이 넘는 괴테의 유명한 비극시『파우스트』의 주인공 파우스트는 이렇게 말한다. "오직 현재만이 우리의 행복이다. 존재하는 것은 의무다."[17]

철학자 피에르 아도(1922~2010)는 이 장면에 대한 통찰력 있는 해설에서, 파우스트가 지금 이 순간의 눈부심에 주의를 기울이는 법을 배워야 한다고 지적한다. 파우스트에게 그 방법을 가르치는 인물은 그리스신화 세계에서 가장 아름다운 여인으로 전해지는 헬레나다. 파우스트는 그녀와 깊은 사랑에 빠지고, 자신 곁의 왕좌에 앉은 헬레나에게 다음과 같이 선언한다.

아름다움의 원천이 제방을 넘쳐흘러
내 존재의 가장 깊은 곳까지 스며든 것인가?
(…)
그대에게 모든 힘의 움직임을,
열정의 정수를,
사모, 사랑, 숭배, 광기를 모두 바치노라.[18]

아도는 과거와 미래에 불안하게 초점을 맞추는 현대 사회에서 "현재의 순간에 집중하고 그 가치를 인식하는 기술"은 거의 사라졌다고 지적한다. 고대의 지혜에 따르면, 과거와 미래에 집중하는 것은 잘못된 방향이다. 아도는 에피쿠로스학파의 격언을 인용하여 우리에게 상기시킨다. "어리석은 자의 삶은 두렵고 불쾌하며, 미래로 하염없이 휩쓸려간다."[19] 반대로 고대 그리스인들은 괴테가 말한 "순간의 건전함"[20]을 이해했다. 그들은 아도가 해석한 괴테의 말처럼, 현재에 존재하고, 현재에서 행동하고, 현재에 영향을 미치고, 현재로부터 이득을 취하는 방법을 알고 있었다. 아도는 이어서 헬레나가 파우스트에게 이러한 고전적 지혜와 순간의 찬란함을 알려주고 "그 순간을, 세상을, 자기 자신을 긍정하는 법을 가르친다"[21]라고 설명한다.

괴테는 작품이 아닌 자신의 삶에 대해서도 "현재만이 내가 숭배하는 유일한 여신이다"[22]라고 말했다고 전해진다. 그런데 현재에 집중하고, 순간에 머무르고, 목적지로 가는 여정의 가치를 소중히 여기라고 권하는 모든 말에는 매우 중요한 유의사항 하나가 따른다. 그것은 바로 지금 이 순간에 존재하고 여정에 몰입하기 위해, 우리가 목표에 깊이 빠져드는 것을 멈추거나 목표에 대한 집착을 마음에서 지워야 한다고 착각해서는 안 된다는 것이다. 우리 내면의 가장 중요한 우선과제는 오히려 우리가 현재에 진정으로 집중하도록 이끌고 에너지를 준다.

이를테면 선禪 명상에는 목표가 없지 않느냐고 반박할 수도 있으리라. 그러나 명상에도 엄연히 목표가 있다. 명상의 목표는 "자기 존재의 본성을 꿰뚫어보는 기술이자 속박에서 자유로

가는 길"이며 일생에 걸친 엄격한 수련과 노력을 요구한다. 유명한 불교학자 D. T. 스즈키는 선종의 임제종을 두고 "인격의 재구성을 지향하는 훈련"이라고 묘사했다.[23] 이를 어떻게 목표 없는 행위라고 부를 수 있을까.

쇼펜하우어가 말하듯이, 모든 욕망이 충족 여부와 무관하게 초래하는 불가피한 고통에 대해서도 해결책은 동일하다. 쇼펜하우어는 의지를 욕망의 모든 대상으로부터 해방시키는 것을 진정한 목표로 삼았다. 이렇듯 자신의 의지를 부정하는 것이 그에겐 곧 구원이었다. 쇼펜하우어는 구원받기 위해 우리 각자의 안에서 표현되는 이른바 '삶을 향한 의지'가 스스로를 거부하고 부정해야 한다고 보았다. 중요한 것은, 그 일이 한 번으로 끝나는 사건이어서는 안 된다는 점이다. 의지에 대한 부정은 계속 유지되어야 한다. "한번 의지를 부정하는 데 성공한 자는 모든 종류의 금욕을 지킴으로써 온 힘을 다해 그 길을 계속 걸어야 한다."[24] 의지를 가라앉히기 위해서는 의지를 실현하고자 하는 자연스러운 경향에 맞서서 지속적으로 '투쟁'해야 한다. 다시 말해, 의지를 가지지 않으려는 의지에는 끝이 정해지지 않은 목표가 있을 뿐 아니라 역설적으로 지속적인 노력과 투쟁 역시 따라야 한다. 쇼펜하우어의 관점에서 보면 이 목표는 인생에 최고의 목적을 부여하지만 어떤 인간도 온전히 이룰 수는 없는 것이다.

정말로 아무런 목표 없이 오로지 현재에만 몰두하는 삶은,

설령 가능하다 하더라도 금세 우리를 절망에 빠뜨릴 것이다. 단순히 일몰을 감상하거나, 산책을 하거나, 마음챙김을 실천하는 것만으로는 우리에게 필요한 의미를 다 찾아낼 수 없다. 그리고 그러한 활동에도 보통은 동기가 있다. 내면의 평화를 찾거나, 당면한 문제를 해결할 최선의 방법이 무엇인지 곰곰이 고민하거나, 미래의 우선과제를 결정하거나, 우리가 소중히 여기는 것을 더 잘 추구하기 위해 집중한다는 등의 목적이 있는 것이다(이에 대해서는 다음 장에서 더 자세히 다루겠다). 누구에게나 목적이 필요하다. 목적은 우리의 여정에서 방향을 잡고 현재에 의미를 불어넣기 위해 필요하다. 목적은 지금 우리 앞에 있는 것들에 주의를 기울일 동기가 되어준다.

이렇듯 여정과 여정의 목적지 사이에는 긴밀한 쌍방향의 관계가 존재한다.

한편으로, 목표는 여정에서 느끼는 기쁨과 현재에 대한 집중에 큰 의미를 부여하고 한층 굳건하게 만들어준다. 내가 원목 수납장을 만들거나 새로운 곡을 배울 때, 더 나은 목수나 음악가가 되려고 노력할 때, 우리가 임하고 있는 여정과 우리가 현재 살아가는 순간의 풍요로움은 그에 영감과 동기를 불어넣는 목표와 뗄 수 없는 관계다. 파우스트가 "오직 현재만이 우리의 행복"이라고 말하는 건 그가 목표 없는 마음챙김의 신봉자라서가 아니다. 반대로 그에겐 아주 명확하며 세상에서 가장 까다롭다고 평가받을 만한 목표가 있다. 그에게 동기를 부여하는 목

표는 "최고의 존재를 탐색하는 것"이다.[25]

역으로 우리가 여정에 영감을 불어넣고 구조를 부여하는 목표를 더 깊이 이해하기 위해서는 반드시 여정에 몰입해야 한다. 노력을 통해 우리의 목표는 더욱 풍부하게 정의되고 더욱 가깝게 느껴진다. 원목 수납장 만들기, 새로운 곡 배우기, 책 집필하기를 비롯해 대부분의 프로젝트에서는 미리 정확한 목표를 구상하거나 상상하기가 어렵다. 결과물의 상세한 형태나 달성되는 시점(그런 것이 존재하긴 한다면), 그 결과물이 우리에게 주는 의미 같은 것은 우리가 프로젝트를 추구하는 과정에서 생생히 살아나고 진화한다. 그러니 수년간 어떤 프로젝트나 직무에 헌신하고 있지만 여전히 자신이 정확히 어디로 가고 있는지 모르겠다는 기분이 들어도, 그건 낙담할 이유가 될 수 없다. 그리고 그 일을 미룰 이유도 될 수 없다. 어디까지나 자연스러운 현상이기 때문이다.

괴테가 현재에 대한 경외심을 강조한 건 결코 자신의 목표와 프로젝트에 대한 깊은 몰입을 깨뜨리거나 없애라는 의미가 아니었다. 그가 창조한 파우스트를 봐도, 그의 생애를 봐도 분명히 알 수 있는 사실이다. 역사상 괴테처럼 평생 다양한 목표를—그리고 그에 따르는 구체적 프로젝트들을—추구한 사람은 드물다. 시인, 극작가, 과학자, 회고록 작가, 소설가로서 재능을 타고난 그는 끈질기고 일관적인 목적의식에 힘입어 몹시 까다롭고 장기적인 목표들을 쉼없이 추구했다. 어쨌거나 괴테는 자신의 문학 인생 전체에 가까운 오십칠 년을 바쳐『파우스트』를 써낼 만큼 하나의 프로젝트에 강도 높게 집중할 수 있었던 사람이 아닌가. 괴테의 사례는 오직 목표가 설정한 궤적 안에서만 지금 이 순간이 가슴 벅찬 기쁨으로 물들 수 있다는 사실을 보여준다. 이로써 파우스트는 헬레나를 만난 뒤 말할 수 있게 되는 것이다. "멈춰라, 순간이여. 그대는 아름답구나!"[26] 그리고 앞서 언급했듯 목표와 순간이 쌍방의 관계를 맺고 있기에, 이런 기쁨은 다시금 우리가 목표를 더 선명하게 이해하고 그에서 더 큰 즐거움을 느끼도록 북돋는다.

자, 한 바퀴를 돌아 처음으로 돌아왔다. 톨스토이를 자살 직전까지 몰고 간 질문이 우리를 기다리고 있다. 내 삶의 결과는 무엇인가?

톨스토이에게 들려줄 수 있는 우리의 최종적 답변은, 그가 잘못된 질문을 던지고 있다는 것이다. 진정한 충족은 우리가 세운 목표와 우리가 이뤄낸 성과가 어떠한 결과를 낳느냐는 질문에 대해 존재하지 않는 정답을 모색한다고 얻을 수 있는 것이 아니다. 우리의 목표와 성과가 지금까지 우리 자신이나 타인에게 가져다준 순가치와 만족감, 실망감 따위를 아무리 계산해보아도 답은 나오지 않는다. 우리의 흐릿한 기억 속에 어떤 성취에서 느낀 즐거움을 저장하려 애쓰는 일 또한 정답이 아니다. 충족은 우리가 어떤 목표를 추구할 때 열리는 현재의 찬란한 순간에 온전히 몰입할 때 얻을 수 있는 것이다. 바로 이러한 충족감의 약속이 우리로 하여금 무엇인가를 바라고 지속할—
그리고 궁극적으로는 미루기를 그만둘—이유가 된다.

그렇다면, 현재에 이렇게 몰입하여 집중하려면 어떻게 해야
할까? 현재를 최고의 행복으로 물들여줄 여러 목표에 집중하는
방법은 무엇일까? 내가 제안하고자 하는 미루기 극복의 일곱번
째 열쇠는 바로 열린 마음으로 주의 깊게 집중하는 기술이다.
이제 우리의 마지막 할일을 살펴보자.

10
주의력을 기른다

우리가 살아가는 현실 속의 어떤 존재나 사물과 진정한 관계를 맺는 일은, 진정한 주의를 기울이지 않고서는 불가능하다. 지금 이 순간에—또는 우리에게 중요한 과제들을 토대로 만들어지는 미래에—몰입하기 위해서는, 주의력이 제멋대로 흩어지도록 놔둔 채로 집중할 대상을 그저 물끄러미 응시하거나 갈망하는 것만으론 부족하다. 콘서트 좌석에 앉아서, 연인과 저녁 시간을 보내면서, 색소폰을 연주하면서 마음은 콩밭에 가 있다면 그 경험의 의미는 퇴색된다. 우리에게 남는 건 반쪽짜리 경험에 불과하다. 정말로 무언가를 경험하려면 우리는 온 존재를 다해 그 대상 안으로 들어가야 한다. 자신을 열고 주의를 기울이는 대상이 우리의 깊은 곳까지 들어오게 해야 한다.

미루기를 극복하기 위한 전제조건을 단 하나만 꼽으라면 바로 이것, 몰입일 테다. 몰입은 우리의 삶이 예속된 냉정한 생산성 숭배의 논리에서—자신을 어르고 달래지 않고서는 아주 잠깐 집중하는 것조차 어려우며, 성공에는 보상을 주고 실패에는 처벌을 가하는 구조에서—벗어나는 방법이다. 몰입은 우리를 우리가 작업하고 있는 대상과 온전히 연결하고 그 현실에 온전히 생생히 빠져들게끔 한다. 이러한 상태는 심리학자 미하이 칙센트미하이(1934~2021)가 말한 "몰입(flow)"[1] 상태와 유사하다. 몰입이란 자신이 진정으로 소중히 여기는 목표에 푹 빠져서 주의를 기울이는 것이다. 단지 일뿐만 아니라 친구의 이야기를 듣는 것, 책을 읽는 것, 일몰을 바라보는 것 등 모든 활동에서 몰입은 그 활동에 온전히 참여하는 열쇠가 된다.

주의는 단순한 '집중'을 넘어서는 개념이다. '집중'은 엄밀히 말하자면 반쪽짜리 주의와 같아서, 마치 빛처럼 우리에게서 대상으로 이동하는 방향성을 가진다. 그 빛은 이를테면 하나의 선율과 같은 구체적 특징에 좁게 초점을 맞추기도 하고, 곡 전체를 아우르는 광각적 시야를 형성하기도 한다. 이러한 집중은 대상을 비추고, 우리가 대상을 향하게끔 하며, 대상을 우리의 시야 안에 붙잡아놓는다. 주의의 또다른 반쪽은 수용성으로, 집중과는 반대로 대상으로부터 우리를 향하는 방향성을 지닌다. 수용성이 추구하는 것은 규율 있는 수동성이다. 수용성은 주의를 집중하는 대상이 직접 말하도록 한다. 우리를 가능한

한 넓고 민감하게 열어젖혀서 대상을 기다리게끔 한다. 그리하여 우리가 단순히 대상의 이야기를 듣는 것을 넘어 경청하게 하고, 대상을 단순히 보는 것이 아니라 직시하도록 만든다. 따라서 수용성은 일종의 겸손함이다. 여기서 말하는 참된 겸손은 그냥 자신을 낮추는 것이 아니라, 자신의 바깥에 존재하는 실재가 자신을 건드릴 수 있도록 놓아두는 능력이다. 그리하여 우리는 그 실재가 누구인지, 무엇인지, 어떠한지 알게 된다. (물론 우리가 애정을 쏟는 사람이나 소중히 여기는 우선과제 등 주의를 기울이는 대상의 모든 것을 알아차리는 것은 불가능하다. 우리는 어쩔 수 없이 파편적인 관점과 가치관 안에 갇힌 존재이기 때문이다. 주의를 기울이면 모든 걸 알 수 있으리라는 기대는 불합리하다.)

따라서 진정한 주의력은 집중과 수용성을 결합한 것이다. 우리가 주의를 기울이는 대상을 사로잡는 동시에, 그 대상이 우리를 사로잡도록 허용하는 것이다. 능동적 수동성이라고 불러 마땅한 이것은 우리가 중요하게 여기는 일을 이뤄내고, 우리가 소중히 여기는 무언가와 진정한 관계를 맺기 위한 핵심 요소다. 사랑에서 주의는 사랑하는 사람에 대한 욕망을 상대와의 구체적 관계로 전환하기 위한 전제조건이 된다. 두 사람이 서로 끌리는 '나'와 '너'를 넘어 사랑의 마법에 걸린 '우리'가 되기 위해 필요한 것 역시 주의다. 주의를 기울이지 않는다면 진정한 대화를 나누거나 상대의 내면을 발견하는 건 불가능해진다. 우리가 생각하는 상대의 모습이나 우리가 상대에게서 필요로 하는 점만을 보는 일 정도는 주의를 기울이지 않아도 가능하다. 그러나 상대의 감정, 자기이해, 헌신, 필요, 희망을 진심으로 위하며 헌신하는 단계로 나아가는 건, 주의를 기울이지 않고서는 불가능하다. 여기서 중요한 것은 인내이다. 가브리엘 가르시아 마르케스의 비범한 소설 『콜레라 시대의 사랑』에서 플로렌티노 아리사는 페르미나 다사가 응답하기를 오십일 년, 아홉 달, 나흘 동안 기다린다. 그녀가 끝까지 응답하지 않기에 그의 기다림은 헛되다. 우리 중 그렇게 오랜 시간을 기다릴 수 있는 사람이 얼마나 될까. 이 이야기에서 우리는 사랑하는 사람에게 주의를 기울인다는 것이 곧 단호하게 열린 태도로 상대가 우리를 향하여 자신의 일면을 드러내기를 기다리는 것임을 배우게 된다.

우리가 아끼는 사람들과 중요하게 여기는 일들과 사물들의 실제 존재에 천재적인 수준으로 주의를 기울이면, 대상이 지닌 모든 징후가 어떠한 계시의 힘으로 우리를 압도한다. 내가 상상하기로, 이것이 빈센트 반 고흐가 (그의 동생에게 쓴 편지에 따르면) 흰색에 깃든 열아홉 가지 색조를 볼 수 있게 해준 수용성의 힘이다.[2] 이는 최고의 셰프가 완벽하게 익은 훌륭한 사과의 맛과 약간 덜 익은 사과의 맛을 구분할 수 있게 해주는 힘이기도 하다.

그러나 주의력도 여느 재능과 같아서, 설령 타고났다 하더라도 오랜 수련 없이는 완성되지 않는다. 집중과 수용성은 수련을 거치지 않으면 언젠간 덧없이 사라져버린다. 위대한 심리학자이자 철학자인 윌리엄 제임스(1842~1910)는 이를 간명하게 표현했다. "몇 초 이상 지속되는 자발적 주의라는 것은 존재하지 않는다."[3] 주의의 능동적 측면인 집중과 수동적 측면인 수용성은 둘 다 기술처럼 훈련되어야 한다. 주의력을 훈련하기 위해 우리는 부처부터 로마의 스토아 철학자들에 이르는 역사 속 여러 현자들의 가르침을 활용할 수 있다. 그들은 주의의 중요성을 알고 있었으므로 지금 이 순간에 주의를 기울이는 영적 수행을 권장했다. 기원후 1세기 로마의 정치인이자 철학자였던 세네카는 이렇게 말한다.

주의력을 익히기 위해서는 미래에 대한 두려움과 과거의 고난에 대한 기억, 이 두 가지를 제한해야 한다. 과거는 이제 나와 무관하며 미래는 아직 나와 무관하기 때문이다…… 지혜로운 사람은 미래에 의존하지 않고 현재를 즐긴다. 영혼을 괴롭히는 무거운 걱정에서 벗어나 아무것도 바라지 않고, 아무것도 욕망하지 않으며, 의심스러운 것에 몸을 던지지 않는다. 왜냐하면 그는 자신이 가진 것에 [세네카에 따르면 우리에게 속한 유일한 것인 현재에] 만족하기 때문이다. 그가 적은 것에 만족한다고 생각지 말라. 그는 [지금] 모든 것을 가졌으니.[4]

세네카에 따르면, 현재에 주의를 기울이기 위해 우리는 현재를 완전한 행복한 상태로 대우하는 연습을 해야 한다. 우리는 얼마든지 이 명제에 반문할 수 있다. 잔혹한 독재자의 수용소에 갇혀 있다면, 현재는 끔찍하게 여겨지고 미래는 앞으로 닥칠 결핍과 고문 때문에 두렵게 여겨질 텐데 어떻게 행복할 수 있겠는가? 그러나 세네카는 이에 동의하지 않는다. 무력하고 절망적인 감금 상황에서도, 우리에겐 지금 이 순간의 기쁨을 찾을 힘이 있다. 세네카를 비롯한 스토아학파 철학자들은 한순간 느끼는 그러한 기쁨이 영원히 이어지는 기쁨과 동등하다고 주장한다. 앞 장에서 만났던 철학자 피에르 아도는 현재에 주의를 기울이는 스토아 철학자들의 태도를 다음과 같이 요약한다.

스토아 철학자들은 현재 안에 모든 것이 있다고 믿는다. 오직 현재만이 우리의 행복이다. 그 이유는 두 가지이다. 첫째, 스토아학파의 행복은 매 순간 완전하며, 시간이 지속된다고 해서 덩달아 늘지 않기 때문이다. 둘째, 현재의 순간 속에서 우리는 현실 전체를 소유하며, 아무리 무한한 시간이 주어진다 해도 우리가 현재의 순간에 소유하는 것보다 더 많이 가질 수는 없기 때문이다.[5]

따라서 스토아학파 철학자들에게 현재에 진정으로 주의를

기울이는 것은 단순히 잘사는 삶의 한 측면을 넘어서 인생 전체를 살아가는 방식이다. 지금 이 순간을 살면서 온 세상과, 나아가 영원과 친밀해질 수 있기 때문이다. 지금 이 순간의 현실에 맞추어 조율됨으로써 우리는 현실이라는 전체와 조화를 이룬다. 그것이 곧 행복이다. 세네카의 말에 따르면, "매일 일생을 살아온 자는 마음에 평화가 있다".[6]

　이러한 통찰은 어느 한 개인이나 철학 학파에 국한되는 특이한 가르침이 아니며 매우 다양한 여러 전통 안에서 체계적이고 정교하게 표현되어왔다. 특히 이런 가르침이 두드러지는 전통은 불교다. 인도 북동부의 사르나트에서 부처가 처음으로 공개한 가르침—'초전법륜'이라고 불린다—에 속한 사성제四聖諦는 우리를 모든 갈망으로부터 분리시키고, 부처가 갈망이 초래한다고 여긴 필연적인 고통으로부터 우리를 벗어나게 하는 것을 궁극적 목적으로 삼는다. 세네카의 가르침이 떠오르는 대목이다. 티베트불교 연구자인 제이 가필드는 사성제가 단순히 불교의 수많은 가르침 중 하나가 아니라, 불교의 윤리적 세계관의 핵심이라고 설명한다.[7] 사성제의 첫번째 진리 '고제苦諦'에서는 모든 존재에 고통dukkha이 스며 있다고 선언한다. 우리는 이런 현실을 피할 수 있을 때까지 회피하다가, 더는 피할 수 없을 때 비로소 직시하게 된다. 사성제의 두번째 진리인 '집제集諦'에서는 고통의 근원이 우리가 통제할 수 없는 원인들이 아니라 본질적으로는 우리의 집착과 혐오(가필드는 이를 "갈망의 두 얼굴"

이라 부른다)에 있으며, 이는 현실의 본질에 대한 깊은 혼란에서
비롯된다고 말한다. 여기서 이어지는 사성제의 세번째 진리
'멸제滅諦'에서는, 고통의 원인이 되는 그릇된 갈망을 제거함으
로써 고통의 원인을 제거할 수 있다고 말한다. 가필드는 고통
의 원인을 제거하려면 우리가 세상을 바라보는 방식, 즉 세계에
대한 우리의 태도를 바꾸어야 한다고 설명한다. 이는 (고통을
극복하는 서양의 윤리가 흔히 강조하듯) 우리가 세계 안에서 행동
하는 방식을 바꾸어야 한다는 생각과는 정반대다. 불교 윤리의
관행에서 중요한 것은 우리의 관점이며, 우리의 행동은 그다음
일 따름이다.[8]

그렇다면 우리가 세계를 대하는 태도는 어떠해야 하는가? 사
성제의 네번째 진리 '도제道諦'가 이 질문에 답한다. 가필드는
도제의 핵심인 '팔정도八正道'를 "바른 견해, 바른 의도, 바른말,
바른 행위, 바른 생활, 바른 노력, 바른 의식, 바른 성정"이라
요약한다. 이 여덟 가지는 순차적으로 밟아나가는 선형적 단계
가 아니라 올바른 행위가 가지는 여덟 가지 차원으로서, 동시
에 실천되면서 개인이 살아가고 존재하는 방식을 만들어낸다.[9]

팔정도의 핵심에는 놀랍도록 풍부하고 복합적인 주의가 있
다. 기원후 5세기경 스리랑카에서 활동한 불교 철학자로서 큰
영향력을 발휘한 붓다고사는 이를 "의식을 하나의 대상에 정확
하고 고르게 집중시키는 것"이라고 간결하게 표현했다.[10] 아주
명쾌한 표현이다. 한편 힌두교 및 불교 연구자인 조나든 가네

리는 붓다고사가 해석한 주의 개념 안에도 서로 구별되는 여러 측면이 있다고 강조한다. 이를테면 잎사귀 하나를 바라본다고 치자. 먼저, '마음에서 만들어내는(마나시까라manasikāra)' 경험이 있다. 이것은 우리의 마음을 잎사귀에 집중시켜 잎사귀가 우리의 의식 속에서 형태를 갖게 하는 초점 주의이다. 다음으로는 '생각을 얹는(에깍가따ekaggatā)' 경험이 있다. 이는 현재 바라보고 있는 잎사귀에 몰두하고, 다른 잎사귀를 신경쓰는 일 등 주의를 산만하게 하는 요소들에 저항하는 것이다. 이러한 두 가지 측면의 주의에는 의도적 노력을 통해 모든 정신적 자원(쩨타나cetanā)을 주의하는 태도로 모으는 과정이 필요하다. 이러한 세 가지 주의의 측면이 반드시 전부 유지되어야만 하나의 잎사귀에 집중하는 과제를 지속할 수 있다. 이는 다시 말해 잎사귀를 마음속에 '기억하며 반복적으로 유지(사띠sati)'해야 한다는 의미이다. 우리는 주의의 대상이 문자 그대로 "시야 밖으로 떠내려가지 않도록" 마음에 간직해야 한다.[11] 5세기경에 활동했던 붓다고사의 주석가 담마팔라는 그 말뜻에 대해 "대상을 안정시키고, 기억하여 잊지 않으며, 물속에서 호박처럼 이리저리 떠다니지 않고 돌처럼 움직이지 않도록 하는 것"이라 설명한다.[12] (한국의 불교 용어에서 일반적으로 마나시까라는 기억, 에깍가따는 집중, 쩨따나는 의도, 사띠는 알아차림으로 번역된다―옮긴이)

붓다고사와 세네카의 교리를 전부 받아들여야만 바로 눈앞에 존재하는 것에 집중된 주의를 기울이기 위해 무엇이 필요한지에 대한 그들의 심오한 통찰을 느낄 수 있는 건 아니다. 예컨대 고통이 인간 존재의 근본적인 문제이자 집착, 혐오, 욕망이 가득한 삶을 본질적으로 불만족스럽게 만드는 원인이라는 주장이나, 따라서 좋은 삶의 궁극적 목적이 고통을 제거하는 것이라는 주장에 반드시 동의할 필요는 없다. 온 우주가 현재의 순간에 담겨 있다는 세네카의 신비주의적 믿음을 받아들일 필요도 없다. 무엇보다, 미래에 대한 갈망을 내려놓지 않아도 된다. 우리는 미래에 대한 두려움과 과거의 기억에서 비롯하는 불안이 현재에 대한 주의를 망가뜨린다는 세네카의 경고에 귀를 기울일 수는 있지만, 한편으로는 우리의 여러 중요한 과제와 계획을 고집스럽게 소중히 지켜야 한다. 그것들이 우리의 현재를 형성하고, 활력을 불어넣으며, 의미를 부여하기 때문이다. 그렇게 현재에 부여된 의미야말로 미루기의 핵심 원인인 무기력한 권태를 극복하는 중요한 방법이며, 자신이 손수 망가뜨리고 있는 우선과제에 다시 동기를 부여하는 데에도 필수적인 요소이다.

하지만 일단 현재에 깃든 힘에서 영감을 얻고자 한다면, 불교와 스토아 철학의 가르침을 따라보자. 현재에 대한 진정한 주의는 우리가 단순히 필요할 때마다 '집중'하려고 시도함으로써 즉각 불러낼 수 있는 것이 아니다. 세상에 깊이 몰입하는 단 한순간을 이뤄내기 위해 우리는 서로 다른 갖가지 인지적 기술을 함께 활용해야 한다. 그러려면 붓다고사가 이야기했듯 초점을 맞추는 주의, 생각을 얹는 주의, 알아차리는 주의, 의도적으로 주의하는 태도 같은 각각의 기술을 오랜 시간에 걸쳐 훈련해야 한다.

중요한 일을 추구할 때 가장 어려운 난관은 실행 자체라고 생각하기 쉽다. 비행기를 솜씨 좋게 조종하는 것, 음식을 요리하는 것, 외과 수술을 시행하는 것, 배려 깊은 배우자가 되는 것, 자녀의 말을 끝까지 들어주는 것과 같은 행동은 물론 쉽지 않다. 하지만 의외로 가장 힘든 부분은, 이러한 활동을 수행하기 위한 전제조건인 주의를 집중하는 것이다. 실은 주의를 달성하고 유지하려는 과정에서 느끼는 고통이야말로 우리가 미루기로 회피하는 가장 강력한 이유일 수도 있다. 잘 살펴보면, 우리가 일을 미루는 여러 이유들이―죽음에 대한 두려움, 우선과제의 중요성에 압도되는 느낌, 톨스토이를 마비시켰던 "그래서 어쩌라고?" 같은 질문들이―특정한 시기나 상황으로 국한되는 반면, 주의의 어려움은 언제나 존재한다.

주의를 기울이는 데 이렇듯 큰 노력이 필요함을 생각하면, 불교에서 무관심을 '마음의 기본 상태(바왕가, bhavaṅga)'라고 보는 것은 당연하다. 그리고 불교가 주의하지 않는 상태를 "마음이 특별히 끌리는 곳이 없다면 자연히 돌아가는 상태"로 보는 것 또한 놀랍지 않다.[13]

주의하지 않는 상태를 마음의 자연스러운 상태로 보는 이러한 관점은 오늘날의 지배적 통념과 정면으로 대치된다. 불교적 관점에 깃든 중대한 함의는, 주의 산만이 미루기를 유발하는 주된 원인이 아니라는 것이다. 주의 산만이 미루기를 악화시킬 수는 있다. 그러나 온라인 세상이 확장되면서 사람들이 주의가 산만해지는 바람에 미루기가 유행하고 있다는 통념은 상황을 거꾸로 본 것이다. 여기에는 우리가 기본적으로 주의를 집중하며 살다가 무언가로 인해 산만해진다는 전제가 깔려 있다. 산만함을 주적으로 규정하고 우리를 산만함의 희생자로 보는 잘못된 그림이 그려진 것이다.[14]

물론 일부 부주의 상태는 유전적, 생물학적, 환경적, 사회적인 원인에서 비롯하므로 우리가 즉각적으로 통제할 수 없다. 이는 정신질환으로 발현하기도 하는데, 특히 1970년대 이후 아동과 성인 양쪽에서 크게 증가한 주의력결핍 과잉행동장애ADHD 진단이 최근 나타나는 자폐증과 ADHD가 결합된 사례들에서 엿볼 수 있다. 일례로 캘리포니아주에 거주하는 아동을 대상으로 한 어느 연구에서는 2001년부터 2010년 사이에 5세에서 11세 아동이 ADHD를 진단받은 사례가 24퍼센트 증가했다고 보고했다.[15] 해당 수치는 이후로도 계속 급증하고 있다.

산만함이 우리의 욕구, 취약점, 습관을 끈질기게 추적하고 유혹하고 조종하며 그 어느 때보다도 우리를 붙드는 덫을 놓는다는 점에는 의심의 여지가 없다. 우리는 산만함을 갈망하거나, 산만함을 받아들일 준비가 된 마음으로 살아간다. '삐'소리를 내며 깜빡이는 화면에 머리를 깊이 박은 채, 소비자를 유혹하는 이미지와 소셜미디어의 홍수에 빠져든다. 산만함은 우리의 흔들리는 초점을 마구잡이로 흩뜨려버린다. 우리를 조종하여 탐색하고, 엿보고, 구슬리고, 비난하고, 칭찬하고, 치장하고, 증오하고, 소리치고, 항의하고, 개인정보를 폭로하고, 추적하고, 남에게 영향력을 행사하거나 타인의 영향을 받을 무한한 기회에 중독시킨다.

그러나 문제는 실제로 우리를 산만하게 하는 대상에 있지 않다. 이를 증명해줄 사람은 앞서 권태에 관한 논의에서 만난 바 있는 4세기 이집트 사막의 수도사 에바그리우스다. 문제는 산만함이 아니라, 고된 인생의 중요한 일들에서 도피하길 원하는 우리의 충동이다. 한낮의 악마가 하느님에게 헌신하는 수도사를 무너뜨리기 위해 사용하는 건 도시의 화려한 불빛, 육체의 아름다움, 친구와 사회의 위안, 가족을 꾸리는 새로운 삶의 유혹이 아니다. 이런 것들은 악마에게 조금도 필요하지 않다. 그에겐 밑그림을 그리는 작업이 훨씬 중요하다. 그래서 그는 수도사가 심히 짜증을 내고, 안절부절못하고, 낙담하고, 자신의 사명에 환멸을 느끼게 만든다. 매일 천천히 흘러가는 시간 속에서 평생 동안 하느님에 대한 헌신을 지속해야 한다는 버거운 전망에 압박감을 느끼게 한다. 더 쉽게 충족감을 안겨줄 사람이나 사물을 찾도록 유도한다. 이렇게 밑그림이 완성되면 수도

사는 악마의 도움이 없더라도 자기 삶의 목적에서 벗어나고자 주의를 돌릴 대상을 찾아 기꺼이 몸을 던질 것이다.

에바그리우스와 거의 동시대를 살았던 아우구스티누스 역시 산만함이라는 문제에 몰두했다. 산만함이 널리 퍼져 있음을 체감한 그는 오늘날 우리에게도 상당히 와닿는 표현으로 그 유혹에 대해 탄식한다.

> 이처럼 〔유쾌한 재미와 경험의 반짝거리는 무리가〕 우리 일상의 모든 면을 주의를 끌어당기는 대상들의 소음으로 에워쌀 때, 내가 그중 무엇에도 눈을 돌리지 않고, 헛된 관심에 사로잡히지 않으리라고 언제쯤이면 감히 장담할 수 있을까?[16]

이어서 그는 인생의 최고선인 하느님에 대한 주의를 흐트러뜨리는 '소음'에 저항하라고 자신의 마음에 직접 호소한다. "스스로를 산만하게 하지 마라. 너에게 가해지는 여러 소란스러운 느낌 때문에 산만해지지 않도록 하라." 그러나 아우구스티누스는 소음에 저항하는 것이 자신의 능력을 넘어선 도전일까봐 걱정한다. 그래서 그는 자신이 설정한 위대한 과제(하느님이 창조한 세계 속에서 시간과 존재의 본질을 탐구하는 일)를 지속하게 해달라고 하느님에게 도움을 청한다. "하느님, 저의 탐구를 더 진행할 수 있게 해주십시오…… 저의 주의가 흐트러지지 않게 해주십시오."[17] 그는 신의 도움이 없으면, 자신을 스치고 지나가는 온갖 사소한 것들이 "머리가 텅 빈 바보"가 된 자신의 주의를 사로잡고 온갖 생각과 욕망이 수월하게 마음을 지배할 것이라고 확신한다.

집에 앉아 있을 때, 파리를 잡는 도마뱀이나 그물을 향해 달려드는 파리를 잡는 거미를 보다가 매혹되는 일이 종종 있습니다. 하찮은 미물이지만, 그렇다고 해서 문제가 달라지진 않습니다…… 나의 삶은 이러한 방황으로 가득차 있으며, 나의 유일한 희망은 당신의 큰 자비에 있습니다. 나의 마음이 이런 종류의 산만함을 받아들이는 그릇이 되고, 빈 생각들로 가득찰 때, 나의 기도는 자꾸만 끊기고 흐트러집니다. 그리고 내가 당신을 보고 마음의 목소리를 당신의 귀로 향할 때면 어쩐 일인지 하찮은 생각들이 급히 쳐들어와서 가장 깊은 열망을 단절시킵니다.[18]

산만함에 대한 불안이 우리 현대인의 전유물이 아니라는 건 명백하다. 에바그리우스와 아우구스티누스가 증언하듯, 여기엔 적어도 천오백 년의 역사가 있다. 오늘날 우리가 걱정하는 미루기의 문제도 다르지 않다. 그러나 지금 우리가 삶을 경로에서 이탈시키는 산만함의 위력을 가장 크게 염려해야 하는—특히 한번 빠져들면 좀처럼 탈출하기 어려운 온라인 미로에서 벗어나는 방법을 매우 고민해야 하는—시대를 살아가고 있다는 건 엄연한 사실이다.

실로 주의 집중 시간이 점점 짧아지고 있다는 증거가 산더미처럼 쌓여 있다. 이런 경향은 인터넷 시대가 시작된 이후가 아니라 늦게 잡아도 19세기 후반—경제 성장, 국제적 연결, 정보의 흐름이 본격적으로 가속화된 시점이다—부터 시작되었다.[19] 미국의 사무직 노동자가 한 가지 작업에 머무는 평균 시간은 삼 분에 불과하다고도 한다.[20] 주의를 기울인 상태에서 한번 벗어나면, 다시 그 상태로 돌아오기 위해 무려 이십삼 분 동안 애써야 한다고 한다.[21] 심리학자 글로리아 마크의 또다른 연구에 따르면, 사람들이 컴퓨터나 다른 화면에서 한 작업에 머무는 평균 시간은 2004년에는 이 분 삼십 초였으나 2012년에는 칠십오 초, 최근에는 사십칠 초로 급감했다고 한다.[22]

킹스칼리지런던 대학교의 주의연구센터팀을 비롯한 일부 연구자들은 이러한 결론에 의문을 제기한다. 아직 충분한 데이터가 뒷받침되지 않았다는 것이다. 2021년 9월에 수행된 설문조사에서, 사람들이 기술이 집중력을 저하한다고 믿는 경향이 있는 것으로 나타났다. 하지만 킹스칼리지 연구팀에서는 "장기연구가 이루어지지 않았으므로, 기술이 실제로 집중력 저하를 초래했는지 아닌지는 아직 알려지지 않았다"라고 주장한다. 다만 "현대의 정보 환경이 우리의 주의 집중 시간을 악화시키는가? 아니면 우리가 기술이 우리 삶에 미치는 영향을 과대평가하는

가?" 등의 질문에 대해, 연구원들은 "과거 수십 년간의 설문 데이터와 비교했을 때, 일부 지표에서는 대중이 과거에 비해 주의가 산만해지게 만드는 압력을 느끼는 정도가 심해진 것으로 보인다"라는 답을 내놓았다.[23]

하지만 설령 현대인의 집중력이 급격히 떨어지고 있다는 증거가 확실하게 밝혀진다 해도, 우리 자신을 산만함의 유혹에서 완전히 차단하는 것은 올바른 해법이 아니다. 프리덤 등의 웹사이트 접속 차단 앱, 스크린젠 같은 스크린 타임 관리 앱, 소음 차단 헤드폰, 일정 시간 동안 기기를 넣어두고 못 꺼내게 하는 안전상자, 디지털 디톡스를 비롯해 갖가지 묘안이 등장했으나 온라인 중독을 통제하기엔 모두 어림도 없다. 하버드 비즈니스 리뷰에서 크리스 베일리가 제안하는 것처럼 하루 세 가지 우선과제 정하기, 이메일이나 소셜미디어를 보는 대신 도전적인 업무에 집중하기, 마감 시간 단위를 오후 전체가 아니라 오십 분 같은 짧은 시간으로 설정하기처럼 수없이 들어본 권고들을 따른다 해도 달라지는 건 없다.[24] 물론 심한 스트레스, 깊은 우울 상태, 긴장과 과도한 경계심, 동기 저하 등으로 취약해진 상황에서는 산만함을 물리적으로 차단하는 것이 중요하다. 호메로스의 『오디세이아』 속 일화처럼, 세상에서 가장 강한 주의력을 발휘하더라도 압도적인 유혹에 맞설 수 없는 경우 또한 그렇다. 오디세우스는 달콤한 노래로 선원들을 매혹해 죽음으로 몰고 가는 세이렌 곁을 지난다. 그는 죽음의 함정에 빠지지 않겠다는 일념으로 선원들을 시켜 배의 돛대에 자신의 몸을 동여맨다. 신화 속에서 찾아볼 수 있는 전면적 인터넷 차단법인 셈이다.

그러나 보통은 외적으로 산만함을 차단하는 것만으로는 주의력 문제를 해결할 수 없다. 동기가 부족하다는 더 넓은 문제도 마찬가지다. 외적으로 주의력을 흩뜨리는 요소 몇 가지는 차단할 수 있다 치더라도, 책상 정리하기, 잡지 넘겨보기, 간식 먹기, 주변 사람들의 대화에 귀기울이기처럼 물리적으로 차단하기 어려운 산만함은 여전히 우리 곁에 상존한다. 게다가 마음속으로 이국적인 휴가를 꿈꾸거나 로맨스를 상상하는 것처럼 환상으로 도피하는 방법도 있다. 마음은 흐르는 물과 같아서 언제나 가장 저항이 적은 길로 자연스럽게 흘러가는 법이다.

에바그리우스와 아우구스티누스의 시대에 그러했듯 우리 시대에도 주의력 문제의 본질은 전혀 다른 곳에 있다. 이 책에서 내내 논의했듯이 진짜 문제는 우리가 전념하는 목표로부터 도망치고자 하는 갈망에 있다. 오늘날 우리가 온라인 세계에 '빠져드는' 건 꼭 핸드폰에서 알림이 울려서가 아니다. 가상 세계에서 일어나는 잔혹한 볼거리와 같은 (고대 로마 콜로세움에서 열광하는 관중이 '맹수형'이라는 명목으로 사자에게 잡아먹히는 불운한 죄수를 구경하던 것처럼) 극단적 자극에 끌리기 때문만도 아니다. 소셜미디어 플랫폼들은 우리의 주의를 끌고, 남들을 엿보는 것에 중독시키는 등 우리의 행동을 관찰하고 조종하고 돈벌

이로 삼고자 힘을 행사한다. 하지만 주의를 흩뜨리고자 하는 우리의 갈망은 사실 주의를 집중하는 고통을 피하려는 내면의 깊은 충동에서 비롯한다. 우리는 주의를 돌림으로써 해방의 기쁨을 누리고자 한다. 마치 다이어트중에 맛있는 케이크를 거부하지 않고 "유혹을 허락하는" 것처럼, 잠깐이나마 주의를 돌리면 진짜 하고 싶은 일에 집중하는 부담이 줄어들 거라고 믿는다. 적어도 그런 희망을 품는다. 그러므로 산만함이라는 문제를 해결하는 핵심은 산만함을 차단할 묘수를 찾아내는 것이 아니라, 부처와 세네카의 가르침처럼 우리의 주의력을 단련하는 데 있을 것이다.

미루기는 어떻게 축복이 되는가

지금까지 미루는 습관을 극복하기 위한 일곱 가지 방법을 제시했다. 이 방법들을 종합하여, 회피하려는 충동을 다스리고 더 좋은 삶을 향해 나아갈 새로운 생활 방식을 도출할 수 있다. 우리가 자아를 지키며 잘 살아갈 수 있도록 소중한 목표들을 미루지 않을 방법은 무엇일까? '우선과제를 명확히 하라'거나 '시간 관리를 잘하라'는 등 이미 익숙한 조언들은 해결책이 되기엔 부족하다. 우리가 미루는 건, 가장 중요한 목표가 뭔지 몰라서가 아니다. 미루기의 문제는 본질적으로 시간 관리의 문제가 아니라, 우리 내면 깊숙한 곳 어딘가에 분명히 존재하지만 얼어붙어 있는 내재적 동기를 어떻게 끌어내느냐의 문제다.

동기를 끌어내기 위해 나는 새로운 방법을 제안한다. 우리가 삶에서 가장 중요한 목표들을 추구할 수 있도록, 목표에 대한 우리의 관점을 바꾸는 방법이다. 다시 말해 목표에 대해 생각하는 방식, 목표와 감정적으로 관계 맺는 방식, 목표에 대한 기대, 목표에 주의를 기울이는 방식을 바꾸자는 것이다.

관점을 전환하기 위해 밟아야 할 첫 단계는 우리가 우선과제라고 생각하는 중요한 일에 지워진 부담을 덜어내는 것이다. 구체적인 실천 방법으로는 목표가 '해야 할 일'이 아니라 도피 수단이라고 상상하기, 목표가 사회적 인정을 받을지 아닐지에 대해 신경쓰지 않기, 완벽함에 도달한다는 허황된 꿈을 버리기, 우리의 존재에 전혀 신경쓰지 않는 이 우주에서 우리의 삶과 프로젝트가 얼마나 사소한지 상상함으로써 해방감 느끼기 등이 있다. 이러한 변화의 요점은 우리가 목표에 압도당하거나 마비되지 않고, (현재 같이 살아가는 사람들이든 미래의 후손들이든) 타인의 인정에 연연하는 마음에서 벗어나, 우리의 목표와 더 깊이 있고 친밀한 관계를 맺는 데 있다.

이렇게 목표에 지워진 버거운 부담을 덜어낸 다음에는, 가능한 한 놀이 정신에 입각하여 목표들을 추구해야 한다. 다시 말해, 목표를 생산성과 절차로 돌아가는 시시포스의 러닝머신처럼 여기기보다는 실험적이고 유연하며 즐겁고 자유로운 놀이로 재구성하는 것이다. 어린아이들의 놀이처럼 현재에 깊이 몰두하면서도 진지하고 목표 지향적인 태도를 취해야 한다.

동시에 우리가 언젠가는 죽는다는 사실을 항상 마음에 새겨두어야 한다. 우리는 어디까지나 세상에 일시적으로 체류하는 존재이며 죽음은 언제든 닥칠 수 있다는 현실을 기억해야 한다. 우리에게 주어진 시간이 제한되어 있다는 것을 실감하고 공황에 빠지라는 뜻은 아니다. 공황은 결코 우리의 동기를 지속시킬 수 없다. 그보다는 죽음이 항상 우리 곁에 존재한다는 현실을 인식함으로써 삶과 좀더 진정성 있는 관계를 맺고, 자기 자신과의 생생한 친밀감을 회복하자는 것이다. 이런 변화는 불치병 판정을 받은 이들이 종종 경험하는 것이자, 죽음의 세계를 여행한 영웅들이 새로운 지혜와 생명력, 목적의식을 품고 삶으로 돌아오는 고대신화의 서사에서도 반복적으로 나타나는 주제다.

이 대목에서 우리는 미루기의 결과로 피어나는 두 가지 감정을 마주하게 된다. 그것은 바로 미루기로 인해 잃어버린 시간에 대한 후회와 우리를 집어삼키는 깊고 깊은 권태다. 여기서 우리의 과제는 이런 감정에 짓눌리거나 마비되지 않고, 이런 감정을 무시하거나 부정하려는 시도도 하지 않으면서, 그 감정들이 본연의 역할을 수행해내도록 하는 것이다. 후회와 권태의 진정한 역할은 우리가 추구하고 있는 중요한 일들이 진짜로 우리에게 맞는 것인지 되묻게 하는 것이다. 맞는 것이라면 그에 새롭게 헌신하도록, 맞지 않는 것이라면 다른 목표를 찾도록 우리의 등을 떠미는 것이다. 후회와 권태는 우리가 선택한 길이 잘못되었거나 이미 폐기되었어야 마땅하다고 일깨워주는 강력한 경고음이 될 수 있다. 우리가 붙들고 있는 야망이 실은 우리와 맞지 않다고, 목표가 잘못 설정되었다고, 아무 생각 없이 목표를 추구하다가 매너리즘에 빠졌다고 알려줄 수도 있다. 후회와 권태는 끈질기게 우리의 신경을 긁으며 이러한 메시지를 대단히 분명하게 전해주곤 한다.

우리가 소망하고 동기를 느껴 추구하려는 대상은 그것이 무엇이든지 우리가 완전한 충족이라는 신기루에 사로잡히는 순간 쉽게 허물어진다. 언젠가 지속적으로 완벽한 충족감을 느끼는 날이 올 거라는 환상은 알고 보면 오랜 오해에 뿌리를 두고 있다. 예컨대, 우리는 우리에게 빈틈없이 정의되고 달성될 수 있는 잠재력이 있다고 믿는다. 혹은 언젠가, 적어도 임종의 순간에는 자신의 삶이 행복이나 성취 면에서 어떤 결과를 이루었는지 확실히 알 수 있으리라고 착각한다. 이 책에서 나는 진정한 충족감은 목표로 향하는 여정에, 혹은 단순히 지금 이 순간에 깊이 몰입할 때 느낄 수 있는 것이라고 말했다. 물론 이때 우리가 선택하는 몰입은 우리 삶의 목적에 의해 형태와 의미를 부여받은 것이어야 한다. 하지만 우리가 목적 자체에만 집중한다면, 나아가 그러느라 현재에 대한 사랑을 희생한다면, 이는 오히려 역효과를 낳는다.

마지막으로 우리는 주의력을 수련해야 한다. 결연하고, 인내심 있으며, 흔들림 없고, 열정적인 집중과 수용성을 길러야 한다. 여기에는 때로는 자신이 무엇을 기다리는지, 무엇을 보고 듣고 있는지 모르는 채로 기다리고 보고 듣는 능력이 포함된다. 바로 이런 능력이야말로 어떤 과업에 온전히 몰입하기 위한 핵심이며, 따라서 미루기를 극복하는 데에도 핵심이 된다.

나는 우리가 이 일곱 가지 제안을 모두 따를 수 있다거나 반드시 따라야 한다고 주장하는 건 아니다. 하물며 일곱 가지 방법을 한꺼번에 실천하는 건 불가능할 터이다. 자신에게 가장 잘 맞는 두세 가지의 실천만으로도 충분하다. 또한 우리가 빈곤, 차별, 영혼을 소진하는 일자리, 고된 책임, 불행한 인간관계 등에 갇혀 출구를 상상할 수조차 없는 상황에 놓여 있다면 삶과 일에 임하는 태도를 바꾸기가 사실상 불가능할 수 있다는 사실도 인정한다. 하지만 만일 우리에게 잔뜩 꼬여버린 우리의 우선 과제와 새로운 관계를 맺기 위해 여러 면에서 변화를 꾀할 자유와 여유가 있다면, 우리의 목표는 진심으로 중요하게 여기는 것으로 향하는 내면의 동기를 다시 풀어주는 것, 그리하여 새로운 활력을 품고 우리의 소중한 목표를 대면하는 것일 테다.

나는 미루기를 극복하는 새로운 접근법을 제안함과 동시에, 이 책 전반에 걸쳐 한 가지 중요한 명제를 제시했다. 그것은 미루기가 언제나 문제는 아니라는 것이다. 자신이 미루고 있다는 사실을 알아차렸을 때, 그에 대한 반응이 어떻게든 반드시 우선과제를 밀고 나갈 방법을 찾아내는 것이어서는 안 된다. 때로 미루기가 우리에게 전달하는 메시지는 전혀 다른 것이기 때문이다. 특히 후회와 권태에서 기인한 절망적인 기분은 우리가 지금 잘못된 길을 가고 있다는 경고일 때도 있다. 지금 우리가 붙들고 있는 삶의 목적, 우리가 착수한 프로젝트, 우리가 받아들인 가치관이 우리와 어울리지 않는다고 일러주는 것일 수도 있다. 어쩌면 바꿔야 할 것은 우리가 우선시하는 일 자체가 아니라, 우리가 그 일을 대하는 숨막히게 경직된 태도일지도 모른다. 그렇다면 이때 우리에게 필요한 것은 보다 자유롭고 유연한 정신이다. 다시 말해, 자율성과 일을 숭배하는 서구의 관리-기술주의적 문화로부터 한 발짝 물러난 태도다. 미루기는 이렇듯 낡고 진부한 우선과제와 영혼 없이 반복되는 일상에 대한 반란이기도 하다. 우리의 내면 깊은 곳에서, 지금처럼 살아서는 안 된다는 거부의 신호를 보내고 있는 것일지도 모른다.

우리 대부분은 인생의 소용돌이에 휩쓸려 살아간다. 잠시 멈춰서 옳은 길을 가고 있는지 스스로에게 물어볼 겨를도 없이 수십 년이 훌쩍 흘러간다. 그 길에서 성공까지 거두었다면 더더욱 흔히 볼 수 있는 현상이다. 인생의 방향을 바꿔야 한다는 확신이 들더라도, 그 과정에서 얼마나 많은 시간과 노력을 허비할지 생각하면 덜컥 겁이 난다. 길게는 수년이 걸릴 수도 있다. 새로운 방향을 선택해야 한다는 불확실성과, 처음부터 다시 시작함으로써 사회적 지위를 잃을지도 모른다는 두려움이 우리의 발목을 잡는다. 습관은 오랜 반복을 통해 우리 안의 감정적 반응을 둔화시키고, 무엇을 어떻게 바꿔야 하는지에 대한 자각 자체를 흐려놓는다.[1] 마르셀 프루스트가 말했듯, 습관이란 "우리로부터 거의 온 우주를 가리는 묵직한 커튼이며, 그로

인해 우리는 자기 자신조차 알지 못하게 된다".[2]

　때론 이와 같은 교착 상태를 깨뜨릴 수 있는 유일한 힘이 바로 고통스럽고 끈질긴 미루기일 수 있다. 미루기가 고통스럽게 삶을 정체시킬 때, 우리의 삶은 뒤흔들린다. 그리하여 우리는 근본적으로 자신에게 더 잘 맞는 전혀 다른 목표에 새로이 초점을 맞추거나, 지금껏 회피하거나 무기력하게 추구해온 여러 우선과제에 새로운 열정을 품고 다시금 헌신하게 된다. 바로 이때 우리는 미루기를 '병폐'라고 여기는 관점에서 벗어나, 미루기가 오히려 더 건전한 삶을 여는 열쇠가 되는 순간을 마주하게 된다. T. S. 엘리엇은 이렇게 적었더랬다. "우리의 유일한 건강은 병이다. (……) 회복되기 위하여 우리의 병은 더 중해져야 한다."[3]

　여기엔 극심한 고통이 수반되기도 한다. 그러나 우리가 소중한 일에 새롭게 헌신할 때, 또는 진심으로 사랑할 다른 목표를 새롭게 찾아 나설 동기를 부여받을 때, 그 고통은 만회된다. 그보다 정말로 고통스러운 것은 찬란했던 에너지를 전부 소진한 후에야, 우리에게 별 감흥을 주지 못하는 목표에 인생의 호시절을 헛되이 바쳤다는 사실을 뒤늦게 깨닫는 것이다. 다른 길을 가야 한다는 걸 직감하면서도 우리는 어째서인지 방향을 틀지 못하며, 심지어 자신이 정말로 원하는 게 무엇인지 끝내 알지 못하기도 한다. E. M. 포스터는 소설 『인도로 가는 길』에서 이러한 곤경을 아름답게 묘사한다. 한 영국인이 자신이 아름다운 일몰 앞에서 전혀 감동받지 못한다는 것을 깨닫는다. 이를 계기로 그는 자신의 인생 전체를 돌아보고선, 자신이 인생을 온전히 살지 않았다는 사실을 마주한다. 그는 "무엇 하나 스스로 경험하지 않았다". 포스터의 묘사에 따르면 그 인물은 사십 년이 넘도록 "삶을 관리하는 방법을 배웠다…… 자신의 성품을 다듬고, 한계를 탐색하고, 열정을 절제해왔다. 그러면서 현학적이거나 속물적인 사람이 되지는 않았으므로 칭찬할 만한 삶이었다. 그러나 그 순간 그는 깨닫는다. 그 시간을 전혀 다른 무언가에 헌신했어야 한다고. 그러나 그게 무엇인지는 알지 못했고, 앞으로도 결코 알 수 없을 터이며, 바로 그렇기에 그는 슬퍼졌다".[4]

삶을 바꿔놓을 잠재력이 있는 고통과 헛되게 살아온 과거에 대해 느끼는 쓰라린 좌절을 기꺼이 받아들여 교훈을 얻으려면 엄청난 용기가 필요하다. 애덤 필립스는 정신분석가 프로이트에게서 영감을 받아, 스스로에게 좌절을 느끼도록 허락하는 일이 "놀라울 정도로 어렵다"라고 말한다.[5] 하지만 좌절을 느끼기를 거부한다면 우리는 결국 "우리가 진정으로 원하고 필요로 하는 것이 무엇인지, 무엇이 우리에게 진짜 기쁨을 줄 수 있는지에 대한 감각을 가질 수 없게 된다". 프로이트에 따르면 "오로지 이런 좌절 상태에서만 우리는 우리의 갈망을 상상하고, 상세히 설명하고, 그려내기 시작한다". 정신분석의 창시자인 프로이트에게 좌절을 느끼는 능력은 만족을 느낄 가능성의 원천이자 구체적으로는 "우리가 살지 않은 삶에 대한 영감"의 원천이다. 왜냐하면 인간의 모든 성장은 "무엇인가 본질적인 것이 결여되어 있다는 자각"에 바탕을 두기 때문이다. 근본적으로 유년기부터 자아를 형성해나가는 과정 자체가 그러하다.

우리는 자신이 현재 있는 자리와 되고자 하는 존재 사이의 간극을, 애덤 필립스의 표현대로라면 "마치 마법처럼" 단번에 뛰어넘을 수 있다는 환상에 예외 없이 빠지고 만다. 그러나 실제로 그 간극을 뛰어넘어 삶의 진로를 바꾸는 것은 전혀 다른 문제다. 그리고 바로 극심한 좌절감을 동반하는 미루기가 그 간극을 뛰어넘게끔 강하게 동기를 부여할 수 있는 것이다.

우리 시대에는 크나큰 진보가 이루어진 덕분에 우리에게 그 간극을 실제로 뛰어넘을 자유가 점점 더 많이 주어지고 있다. 이 자유는 단지 연애, 결혼, 자신의 성과 젠더와 공동체에 관련된 정체성에 대한 결정뿐 아니라, 직업, 경력, 그리고 언급은 덜 되는 편이지만 사실 매우 중요한 교육에 이르기까지 확장되고 있다. 오늘날 우리는 관심사가 달라지거나 미처 몰랐던 재능을 발견함에 따라 경력의 방향을 전환하고, 다시 훈련받고, 기술을 재정비하고, 새로운 분야를 배울 기회를 그 어느 때보다도 풍부히 누리고 있다. 십대나 청년기 초반에 일찌감치 경력을 선택하고 평생 바꾸지 않았던 (혹은 그저 우연히 그런 길을 걷게 되었던) 먼 옛날과는 큰 차이가 있는 것이다. 여전히 나이든 사람들을 채용하지 않거나 진지하게 대우하지 않는 편견이 남아 있긴 하지만, 이 부분에서도 가능성은 차츰 더 커지고 있다.

삼십대, 사십대, 오십대 이후의 사람들에게 점점 더 열리고 있는 건 직업이나 생활방식을 바꿀 기회뿐만이 아니다. 중요한 것은 사회적 승인 또한 마찬가지로 폭을 넓히고 있다는 점이다. 예전에는 자신의 경력을 포기하고 다시 시작하는 행위가 성격이 우유부단하거나 한 우물을 파지 못하는 아마추어라는 증거로 여겨지며 폄하되었지만, 이제는 사회적으로 수용되고 있다. 심지어는 새로운 지평에 도전할 용기와 열린 마음이 있는 사람이라며 존경받기까지 한다. 음악가로 살다가 오십대 초반에 간호학 공부를 시작한 내 친구나 의사로 일하다가 도예가가 된 우리 어머니의 친구 사례에서처럼, 육십대에 직업을 바꾸는 것도 현실적으로 충분히 가능하다. 건강과 재정적 안정만 뒷받침된다면, 과거엔 집에서 낡은 슬리퍼를 신고 이리저리 돌아다니며 소일하던 노년기에도 활기찬 새 삶을 즐길 수 있는 것이다. 위에서 예를 든 두 사람은 친구들이 인생의 전성기를 누리고 있는 시점에 자신들은 처음부터 다시 시작한다는 식으로 남과 자신을 비교하며 수치심을 느끼지 않았다. 그 점에 나는 놀랐고, 기뻤다. 그들은 이전 직업에서 누리던 지위를 상실했다는 생각에 박탈감을 느끼지도 않았다. 오히려 주변 사람들의 존경을 받았고, 그 덕분에 다른 경로로는 주어지지 않는 활력을 얻었다.

여기서 인상적인 부분은 두 사람을 움직인 것이 바로 미루기에서 만들어지는 두 가지 능동적인 동기 요인인 후회와 권태였다는 점이다. 그들은 후회와 권태라는 매몰찬 교사들의 말을 경청했다. 낙담에 빠지지도, 깊은 충족감을 줄 수 없는 이전의 경로를 고집하면서 무력한 반항을 하지도 않았다. 이전 삶보다 나아 보이는 아무 삶이나 성급히 붙들지도 않았다.

그들이 새로운 삶을 찾기까지 왜 그렇게 오래 걸렸을까? 이유는 뻔하다. 자녀 양육, 가족과 친구들의 반대, 사회적 지위를 잃을지도 모른다는 두려움, 성공적인 경력을 버리고 실패할 가능성이 있는 새로운 일에 뛰어드는 데 따르는 위험 등 여러 요소가 그들의 발목을 잡았을 것이다. 하지만 어쩌면 그보다 더 근본적인 이유가 있었는지도 모른다. 그들이 그 시점에 새로운 삶을 택한 건, 우리 인생의 신비로운 주인인 타이밍의 농간은 아니었을까? 우리는 결국 시간의 명령을 따를 수밖에 없다. 시간은 우리에게 언제 소중한 목표를 향해 나아갈 준비가 되었는지 알려준다. 때로는 아직 준비가 무르익지 않았다고 알려주기도 한다.

이 책을 끝맺으면서 미루기가 우리에게 주는 마지막 교훈을 이야기하고자 한다. 미루기는 지금이 우리에게 어떤 우선과제를 추구하거나 변화를 일으킬 시기인지, 아니면 아직 더 기다려야 할 때인지 알려준다. 인생의 모든 시기가 올바른 시기는 아니다. 우리가 숭배하는 자율성은 우리가 언제든지 우리의 삶을 선택하고 통제할 수 있다고, 지금 당장이라도 그럴 수 있다고 말한다. 자신의 내면을 들여다보고 진정한 목표가 무엇인지 결정했으면, 곧장 실행에 옮겨야 한다고 말한다. 하지만 우리의 소명이나 중요한 목표나 인간관계를 너무 이르게 달성하는 것은 알고 보면 위험한 일이다. 때로는 더 많이 준비해야만 더 큰 과업을 이룰 수 있기 때문이다. 실수, 곁길로의 이탈, 잘못된 선택, 헛된 노력, 잘하긴 하지만 진심으로 임할 수는 없는 일에 쏟아부은 열정 같은 것들. 올바른 경험, 적절한 용기, 성공에 대한 두려움, 실패에 대한 두려움, 지금까지의 나와는 다른 사람이 되는 것에 대한 두려움, 그리고 나 자신에게 솔직해지는 것에 대한 더 강렬하지만 규정하기 어려운 두려움 같은 내면의 저항을 풀어내는 것. 진정 중요한 일을 해내기 위해 우리에겐 그런 준비가 필요하다. 사실 인생 대부분이 그런 준비에 사용될 수도 있다. 이를테면 가정에서 겪은 트라우마나 파괴적인 인간관계 패턴 같은 괴로운 진실을 받아들이고 우리가 그 일로 변화하고 행동에 옮길 준비가 될 때까지 인생의 많은 부분이 필요한 것처럼, 우리가 진정 우리에게 중요한 일을 발견할 준비를 하는 데에도 그처럼 많은 시간이 필요할 수 있다.

자신이 어떤 사람인지 성급하게 확신할 때 우리는 진정한 힘을 얻지 못할 뿐 아니라 마비에 이를 수 있다. 니체가 말하듯, 우리의 정신이 "너무 이르게 스스로를 '이해하게' 되는 것"에는 큰 위험이 따른다. 그렇게 되면 그가 "조직화하는 생각"이라 부른 진정한 인생의 길잡이가 우리 안에서 형태를 갖출 시간이 부족해지기 때문이다.[6] 조직화하는 생각의 역할은 단순히 미래를 설계하거나 최종 목표를 알려주는 것 이상이다. 그것은 능동적인 힘으로 우리에게 지시하고, 언젠가 우리가 목표를 달성하는 데 없어서는 안 될 개별적인 기술들을 찾아내서 하나의 일관된 전투력으로 결집시킨다. 조직화하는 생각은 이 모든 것을 해내야 한다. 그럴 방법을 배워야 한다. 여기에는 상당한 시간이 걸릴 수 있다. 의식 속에서 조직화하는 생각이 자신을 최종적으로 드러낼 준비가 되기 이전에 이 모든 일이 이루어져야 한다. 그러므로 이러한 준비 과정이 충분히 전개될 시간이 주어지지 않은 상태에서 성급하게 자신이 누구인지 알아내려 하거나 그 방향으로 돌진하려 하면, 오히려 진정한 자신이 되는 길이 가로막힐 수도 있다. 어떤 사람들에게는 아주 어리거나 젊을 때 준비된 순간이 찾아온다. 그러나 또다른 이들에게는 수차례 시도하고 실패하고, 다시 시도하고, 사뮈엘 베케트의 유명한 말처럼 "더 나은 실패"를 해낸 뒤에야 비로소 그 순간이 찾아올 것이다.

미루기는 냉혹하게 끈질긴 나름의 방식으로, 우리에게 아직 때가 되지 않았다는 메시지를 저항할 수 없을 만큼 명확하게 전달하는 유일한 신호일지도 모른다. 그렇게 미루기는 우리에게 지금은 기다리라고, 그동안 내면의 목소리에 귀를 기울이라고 말하고 있는 걸지도 모른다. 지시에 따라 귀를 기울이면 플라톤이 이야기한 "영혼이 영혼과 나누는 조용한 대화"[7]의 결과를 알리는 내면의 목소리가 들려올지도 모른다. 그리하여 우리는 비로소 어떤 길로 나아가야 할지 알게 될 것이다. 언제 그 목소리가 우리에게 말을 걸지는 알 수 없다. 단지 그 목소리가 들릴 때까지 행동하지 못하고 마비된 상태로 기다려야 할 따름이다.

타이밍을 기다리는 지혜에는 오랜 역사가 있다. 일신교 전통에서 그 기원은 히브리 성경의 전도서까지 거슬러올라간다. 랍비 전승에 따르면, 히브리 성경의 전도서는 유대교, 이슬람교, 기독교의 세 종교 모두에서 존경받는 인물이자 예루살렘 최초의 성전을 건축한 솔로몬 왕이 지은 것이다. 전도서에서는 "무엇이나 다 정한 때가 있다. 하늘 아래서 벌어지는 무슨 일이나 다 때가 있다"라고 선언한다. "세울 때"가 있고 "허물 때"가 있다. "모아들일 때가 있으면 없앨 때가 있고 건사할 때가 있으면 버릴 때가 있다. 찢을 때가 있으면 기울 때가 있다"라는 대목은 특히 기다림의 지혜를 이야기하는 듯하다.[8] 이러한 가르침은 T. S. 엘리엇의 시집 『사중주』의 웅장한 선율 속에도 반영되어 있다.

집들은 태어나고 죽는다. 지을 때가 있고

살아가고 만들어낼 때가,

바람이 느슨해진 창문을 부술 때가,

들쥐가 달리는 벽 틈을 흔들 때가,

무언의 금언을 새겨넣은 닳아 해진 벽걸이를 흔들 때가 있

다.[9]

마침내 미루기가 우리를 거머쥐고 있던 손아귀를 느슨하게
풀어주는 날이 온다. 신속히, 또는 서서히 미루는 습관이 바야
흐로 사라지면 우리는 미루는 동안 갇혀 있던 어두운 숲속의
빈터에 선 자신을 발견한다. 이제 눈앞에 우리가 걸어야 할 올
바른 길이 펼쳐진다. 아마도 생애 처음으로, 우리는 그 길을 어
떻게 걸어야 할지 알고 있다. 이것이 정신의 명료함, 목적의 에
너지, 집중의 고요함이 이루어낸 돌파구를 통하여 우리가 오랫
동안 추구해온 목표를 향해 성큼 나아가게 되는 깨달음의 순간
이다. 돌이켜보면, 갑작스러운 해방이 일어난 이유나 그 방식
을 이해하기 어려운 만큼이나 오랜 기간 관성에 갇혀 살던 시
절을 이해하는 것도 어렵다. 다만 우리가 분명히 아는 사실은,
이제 우리에겐 진정하게 느껴지는 확신이 있다는 점이다. 거기
까지 가는 과정을 소화하면서 얻어낸 것이기에 확신할 수 있
다. 한때 우리의 손이 닿지 않을 것처럼 느껴졌던 것이 이제는
우리의 시야 안에, 손닿는 곳에 굳건히 자리잡고 있다.

이러한 전환의 순간에 — 우리가 스스로를 준비시켜야 하지

만 결코 간단한 호출로 불러낼 수 없는 이 순간에—우리는 단순히 미루기에서 해방된 것이 아니다. 이제는 미루기 자체가 엄혹한 교도관이 아니라 위대한 해방자의 모습으로 우리 앞에 나타난다. 그러므로 미루기는 무작정 문제로 치부할 것이 아니다. 미루기는 우리가 우리의 소중한 일을 싹틔우고 꽃피우기 위해 필요한 시간, 기술, 경험을 쌓게 해주는 축복이다. 그로써 미루기는 우리가 아무리 서두른대도 순식간에 가닿을 수는 없을 성숙에, 마침내 다다를 수 있도록 허락한다.

감사의 말

나는 영광스럽게도 연달아 두 명의 훌륭한 편집자를 만났다. 첫번째 편집자는 아셰트북스 산하인 베이직북스 UK의 출판팀장 세라 캐러였고, 그녀가 떠난 다음 만난 편집자는 마찬가지로 아셰트북스 산하인 존 머리 프레스의 전무이사 닉 데이비스였다. 닉과 세라의 고무적인 지도와 도전적인 제안에 마음 깊이 감사한다. 그들이 없었다면 이 책은 지금보다 훨씬 빈약해졌을 것이다. 또한 원고가 종이에 인쇄된 한 권의 책으로 출판되기까지 모든 과정을 능숙하고 단호한 손길로 관리해준 캐럴라인 웨스트모어와 세심하게 교정교열 작업을 해준 힐러리 해먼드, 그리고 교정쇄를 꼼꼼히 읽어준 로런스 콜과 색인 작업을 해준 팀 라이더에게도 진심으로 감사한다. 여러 단계에서 본문에 관해

의견을 내준 존 코팅엄, 앤서니 고틀리브, 앤드루 허들스턴, 버나드 레진스터에게도 시간을 내준 데에 감사한다. 지난 수년간 했던 작업처럼, 이번 책에서도 나는 세심한 주의와 늘 풍성한 조언으로 작업에 도움을 준 나의 자료조사원 세라 포릿잭슨에게 큰 빚을 졌다. 나의 훌륭한 에이전트 캐럴라인 미셸과 피터스, 프레이저 앤드 던롭 문학 에이전시의 모든 팀에도 큰 감사를 드린다. 마지막으로, 원고가 더디게 진전되던 집필 초기에 절망의―그리고, 맞다, 미루기의―순간들 속에서 특히 많은 지지와 귀중한 조언을 보내준 타마르 아브라모브에게는 아무리 감사해도 모자랄 것이다.

1부 회피하고 또 회피하는 인생

1　우리는 어째서 가장 중요한 일을 미루는 걸까

1　T. S. Eliot, 'Burnt Norton', part III, in *Four Quartets*, Faber & Faber, 1949, p. 10. (한국어판: T. S. 엘리엇, 「번트 노튼」, 『사중주 네 편』, 윤혜준 옮김, 문학과지성사, 2019)

2　로마인들에게 보낸 편지 7:15. 출처: *Holy Bible: New Revised Standard Version*, Anglicized Edition, Oxford University Press, 1995. 이후의 모든 성경 인용문은 별도로 표기되지 않은 경우 이 영어 번역본을 사용했다. (한국어판은 공동번역성서 개정판을 참고했다―옮긴이)

3　Augustine, *Confessions*, book VIII, ch. 7 (17), trans. Henry Chadwick, Oxford University Press, 1991, p. 145. (한국어판: 아우구스티누스, 『고백록』, 박문재 옮김, CH북스, 2016)

4　Oliver Burkeman, *Four Thousand Weeks: Time Management for Mortals*, Penguin, 2021, p. 236. (한국어판: 올리버 버크먼, 『4000주』, 이윤진 옮김, 21세기북스, 2022)

5　Cal Newport, *Slow Productivity: The Lost Art of Accomplishment without Burnout*, Penguin, 2024. (한국어판: 칼 뉴포트, 『슬로우 워크』, 이은경 옮김, 웅진지식하우스, 2024)

6　해당 문단의 내용, 그중에서도 특히 후반의 제안은 버나드 레진스터와 나눈 논의에서 나왔음을 감사의 마음으로 밝힌다.

7　이집트 상형문자와 헤시오도스에 관련된 내용은 마리아 코니코바가 쓴 글의 도움을 받았다. 마리아는 2014년 7월 22일 『뉴요커』에 쓴 글 "Getting over Procrastination"에서 피어스 스틸의 말을 인용했다.

8　Anna Katharina Schaffner, *Exhaustion: A History*, Columbia University Press, 2016, p. 15.

9   체액에 대한 힌두교 이론에 대한 문단은 다음을 참고했다. Wendy Doniger, 'Medical and Mythical Constructions of the Body in Sanskrit Texts', *On Hinduism*, Oxford University Press, 2014, p. 207.

10   이 문단은 위에서 언급한 샤프너의 저서 전반, 특히 52~54쪽을 참고했다.

2   일에 대한 숭배

1   옥스퍼드 영어 사전에 따르면, 'procrastinate'가 타동사로 사용된 최초 용례는 1569년, 자동사로 사용된 최초 용례는 1548년에 발견되었다.

2   Juliana Menasce Horowitz and Nikki Graf, 'Most U.S. Teens See Anxiety and Depression as a Major Problem among their Peers', Pew Research Center, 20 February 2019; Rachel Minkin and Juliana Menasce Horowitz, 'Parenting in America Today', Pew Research Center, 24 January 2023.

3   내가 사용한 "총체적 일total work"이라는 표현은 요제프 피퍼가 사용한 것이다. 그는 중기 중세를 분석하면서, 흥미롭게도 일 자체를 위한 일이 게으름으로 인한 초조함의 결과라고 주장한다. Josef Pieper, *Leisure: the Basis of Culture*, trans. Alexander Dru, Fontana Library, 1965, p. 40.

4   이 주장과 이 책에 실린 루터와 칼뱅에 대한 나의 모든 언급은 이 책의 도움을 받았다. Michael Sandel, 'Great Because Good', *The Tyranny of Merit: What's Become of the Common Good?*, Allen Lane, 2020, ch. 2. (한국어판: 마이클 샌델, 『공정하다는 착각』, 함규진 옮김, 와이즈베리, 2020)

5   같은 책, 38~40쪽.

6   Jonathan Edwards, 'The Preciousness of Time' (1734), in *Sermons and Discourses 1734~1738*, ed. M. X. Lesser, The Works of Jonathan Edwards, vol. 19, Yale University Press, 2001, p. 251.

7   Samuel Johnson, *The Rambler*, No. 134, Saturday, 29 June 1751, in Samuel Johnson, *Selected Essays*, ed. with an introduction and notes by David Womersley, Penguin, 2003, pp. 222~226, at p. 223.

8   Thomas Carlyle, 'Labour', in *Past and Present*, Barnes & Noble, 1843, III, p. 245.

3   자율성에 대한 숭배

1   칸트는 더 나아가 예수조차 우리 개인이 자율적으로 의지하는 것과 동일한 도덕적 규칙에 복종해야 한다고 주장했다. 그러지 않는다면 예수가 명하는 목

적이 진실로 도덕적이지 않으리라는 것이다. "복음서의 성인조차도, 먼저 우
리가 품은 도덕적 완전성의 이상과 비교되어야만 비로소 성인으로 인정받을
수 있다." Immanuel Kant, *Groundwork of the Metaphysics of Morals*, Ak 4:408;
trans. and ed. Mary Gregor and Jens Timmerman, Cambridge University
Press, 2011, Second Section, p. 45. (한국어판: 이마누엘 칸트, 『윤리형이상학
정초』, 백종현 옮김, 아카넷, 2018)

2 J. B. Schneewind, *The Invention of Autonomy*, Cambridge University Press,
1998, pp. 512~13. 그는 최고선을 (칸트의 다소 기술적인 용어를 사용하여)
"도덕 규칙에 지배되는 조화로운 목적들의 총체성"이라고 정의했다.

3 Friedrich Nietzsche, *Thus Spoke Zarathustra*, First Part, book XVII; trans. and
ed. Walter Kaufmann, The Portable Nietzsche, Penguin, 1954, p. 175. (한국
어판: 프리드리히 니체, 『차라투스트라는 이렇게 말했다』, 장희창 옮김, 민음
사, 2004)

4 Amber Payne, 'Rachel Dolezal on Rihanna, Her DNA test, "Fraud" claims and
Other Facebook Questions', NBC News, 28 March 2017.

5 Friedrich Nietzsche, *The Genealogy of Morals*, 'Preface', section 1; trans. and
ed. Walter Kaufmann, Vintage, 1989, p. 15. (한국어판: 프리드리히 니체, 『도
덕의 계보』, 박찬국 옮김, 아카넷, 2021)

6 Friedrich Nietzsche, *The Gay Science*, section 335; trans. and ed. Walter
Kaufmann, Vintage, 1974, p. 273. (한국어판: 프리드리히 니체, 『즐거운 지
식』, 권영숙 옮김, 청하, 1989)

7 John Maynard Keynes, 'Economic Possibilities for Our Grandchildren'(1930),
in *Essays in Persuasion*, W. W. Norton, 1963, pp. 358~373. (한국어판: 존 메
이너드 케인스, 『설득의 에세이』, 정명진 옮김, 부글북스, 2017)

8 Michael Young, *The Rise of the Meritocracy*, Routledge, 1958. (한국어판: 마이
클 영, 『능력주의』, 유강은 옮김, 이매진, 2020)

9 Sandel, Tyranny of Merit, p, 10, 2017년 데이터 인용. 능력과 일에 대한 숭배
를 비판하는 수많은 논설 가운데 상당수가 바로 그 체계를 실천하고 그로부터
수혜를 입은 대표적 인물들에 의해 주도되었다는 점은 물론 아이러니하다. 능
력주의를 비판하는 샌델은 세계에서 가장 엘리트적인 능력주의 양성소 가운
데 하나인 하버드 대학교의 교수로, 능력주의의 고위 사제라 부를 법하다. 과
도한 노동을 비판한 책 『Not Working: Why We Have to Stop』(Granta, 2020)
의 저자 조시 코언은 여덟 권의 책을 펴낸 작가일 뿐 아니라, 문학 교수이자
정신분석가라는 두 개의 직업에 종사하는 사람이다. 다작하는 박식가로서 일
에 대한 숭배를 혐오한다고 표명한 궁극적인 사례를 꼽으라면 버트런드 러셀
을 들 수 있다. 그는 『게으름에 대한 찬양』(Routledge, 1935, p 3)에서 "행복과
번영으로 가는 길은 조직적으로 일을 줄이는 데 있다"라고 "전적으로 진지하

게" 선언했지만, 정작 본인은 수십 권의 저서를 낸 철학자이자 수학자, 정치 활동가, 방송인, 대학교수, 노벨상 수상자로서 그 누구보다도 쉼없이 일했다. 어쩌면 이 걸출한 논객들은 자신들이 살아온 방식에 대해 누구보다 잘 알기에 신랄하게 비판할 수 있는지도 모르겠다. 이들은 17세기의 금언작가 라로슈푸코의 "위선이란 악덕이 미덕에 바치는 경의"라는 격언을 실천하는 것일지도 모른다. 그러나 어떻게 해석하든 이들이 쏟아낸 비판의 설득력이 훼손되지는 않으며, 만일 그렇다면 나 또한 미루기에 대해 글을 썼으므로 이러한 위선에 대해 유죄를 인정할 수밖에 없으리라.

10 Sandel, *Tyranny of Merit*, p. 22.

11 '철제 우리iron cage'는 선구적인 사회학자 막스 베버(1864~1920)가 만들어낸 신조어다.

12 Fred Lewsey, 'Would You Prefer a Four-Day Working Week?', University of Cambridge, 21 February 2023, www.cam.ac.uk/stories/fourdayweek; 'The Results Are In: The UK's Four-Day Week Pilot', Autonomy, February 2023, https://autonomy.work/wp-content/uploads/2023/02/The-results-are-in-The-UKs-four-day-week-pilot.pdf

13 'The Results Are In', p. 65.

14 Lewsey, 'Would You Prefer'.

2부 바닥난 동기를 높이는 일곱 가지 비결

4 잃을 게 너무 많으면, 줄인다

1 Bertrand Russell, *The Conquest of Happiness*, Routledge, 2015, p. 62. (한국어판: 버트런드 러셀, 『행복의 정복』, 이순희 옮김, 사회평론, 2005)

2 Robert Benchley, 'How to Get Things Done: One Week in the Life of a Writing Man', Chicago Tribune, 2 February 1930.

3 Rhonda L. Fee and June P. Tangney, 'Procrastination: A Means of Avoiding Shame or Guilt?', *Journal of Social Behavior and Personality*, vol. 15, no. 5, 2000, pp. 167~184, at p. 181. 이 자료는 다음 책에서 알게 되었다. Chrisoula Andreou and Mark D. White, *The Thief of Time: Philosophical Essays on Procrastination*, Oxford University Press, 2010, p. 92.

4 Marcus Aurelius, *Meditations*, book VII, section 34; trans. Martin Hammond, Penguin Classics, 2014, p. 89. (한국어판: 마르쿠스 아우렐리우스, 『명상록』, 천병희 옮김, 도서출판 숲, 2005)

5 Jean-Jacques Rousseau, 'Discourse on Inequality', in *The Discourses and Other*

Early Political Writings, trans. Victor Gourevitch, Cambridge University Press, 2nd edn 2018, p. 187. (한국어판: 장자크 루소, 『인간 불평등 기원론』, 주경복 옮김, 책세상, 2018)

6   W. H. Auden, 'In Memory of W. B. Yeats', in *Selected Poems*, ed. Edward Mendelson, Faber & Faber, 1979, pp. 80~83.

7   Marcus Aurelius, *Meditations*, book VII, section 6; trans. Hammond, p. 83.

8   Blaise Pascal, Pensée 102, in *Pensées and Other Writings*; trans. Honor Levi, ed. with introduction and notes by Anthony Levi, Oxford University Press, 1995, no. 102, p. 26. (한국어판: 블레즈 파스칼, 『팡세』, 이환 옮김, 민음사, 2003)

9   재인용 출처: Guy Kahane, 'Our Cosmic Insignificance', *Nous*, vol. 48, no. 4, 2014, pp. 745~772, at p. 745. 세이건의 인용문 출처: *Cosmos*, Random House, 1980. (한국어판: 칼 세이건, 『코스모스』, 홍승수 옮김, 2004) 호킹의 인용문 출처: 1995 Channel 4 TV show, Reality on the Rocks: Beyond Our Ken.

10   Thomas Curran and Andrew P. Hill, 'Perfectionism Is Increasing over Time: A Meta-analysis of Birth Cohort Differences from 1989 to 2016', *Psychological Bulletin of the American Psychological Association*, vol. 145, no. 4, 2019, pp. 410~429. 이 자료는 다음 책에서 접했다. Sandel, *Tyranny of Merit*, p. 181.

11   Fee and Tangney, 'Procrastination'. 다만 일부 심리학 연구들은 스스로 설정한 기준에 근거한 완벽주의는 현저한 미루기로 이어지지 않는다고 주장한다. 참조: Piers Steel, 'The Nature of Procrastination: A Meta-analytic and Theoretical Review of Quintessential Self-regulatory Failure', *Psychological Bulletin*, vol. 133, no. 1, 2007, pp. 65~94, at p. 76.

12   Curran and Hill, 'Perfectionism Is Increasing', p. 410. 커런과 힐은 다음의 영향력 있는 연구를 인용한다. Randy O. Frost et al., 'The Dimensions of Perfectionism', *Cognitive Therapy and Research*, vol. 14, no. 5 (1990), pp. 449~468.

13   Curran and Hill, 'Perfectionism Is Increasing', p. 410. 여기서 저자들은 다음을 참조한다. P. L. Hewitt and G. L. Flett, 'Perfectionism in the Self and Social Contexts: Conceptualization, Assessment, and Association with Psychopathology', *Journal of Personality and Social Psychology*, vol. 60, no. 3, 1991, pp. 456~470.

14   Aristotle, *Metaphysics*, book V, ch. 16, line 1021b15; W. D. Ross, trans., The Basic Works of Aristotle, ed. Richard McKeon, Random House, 1941, p. 1103.

15   Allan Mallinger, 'The Myth of Perfection: Perfectionism in the Obsessive Personality', *American Journal of Psychotherapy*, vol. 63, no. 2, 2009, pp.

103~131, at p. 109.

16   Friedrich Nietzsche, *Beyond Good and Evil*, section 78 ; trans. with commentary Walter Kaufmann, Vintage, 1966, p. 103. (한국어판: 프리드리히 니체, 『선악의 저편』, 박찬국 옮김, 아카넷, 2018)

17   Mallinger, 'Myth of Perfection', p. 110.

18   재인용 출처: Paul Wijdeveld, *Ludwig Wittgenstein*, Architect, 2nd edn, Pepin Press, 2000, p. 173 (고딕체는 저자가 표시한 것이다). 비트겐슈타인에 대한 내용을 참조한 다음 책에서 이 인용문을 알게 되었다. Richard Sennett, *The Craftsman*, Penguin, 2009, p. 254. (한국어판: 리처드 세넷, 『장인』, 김홍식 옮김, arte, 2021)

19   Wijdeveld, *Ludwig Wittgenstein*, Architect, p. 173 ; Sennett, *The Craftsman*, pp. 254~255.

20   Hermine Wittgenstein, 'Familienerinnerungen', 재인용 출처: Wijdeveld, *Ludwig Wittgenstein*, Architect, p. 148 ; Sennett, The Craftsman, p. 257.

21   Wijdeveld, *Ludwig Wittgenstein*, Architect, p. 173 ; Sennett, *The Craftsman*, p. 254.

22   Sennett, *The Craftsman*, pp. 254~255.

5   언젠가는 죽는다는 걸 기억한다

1   이 점을 지적해준 존 리처드슨에게 감사한다.

2   Martin Heidegger, *Being and Time*, section 250 ; trans. John Macquarrie and Edward Robinson, Blackwell, 2007, p. 294. (한국어판: 마르틴 하이데거, 『존재와 시간』, 이기상 옮김, 까치, 2025)

3   Tim Jonze, 'How Cancer in My 30s Brought Me Face-to-Face with Death', Guardian, 8 April 2023.

4   Homer, *The Odyssey*, book X, lines 519~523 ; trans. Robert Fagles, Penguin, 2006, p. 245. 이어지는 인용문은 각각 다음을 출처로 한다. Book X, lines 533–5, 539–45, 619–22, 626–7 ; book XI, lines 21, 723~727 ; trans. Fagles, pp. 245, 248, 250, 270. (한국어판: 호메로스, 『오뒷세이아』, 천병희 옮김, 도서출판 숲, 2015)

5   오디세우스가 죽음을 직면한 경험과 그 경험이 그가 고향을 찾아가는 데 어떤 역할을 맡았는가에 대한 더 확장된 논의는 나의 다른 저서를 참조하라. Simon May, *Love: A New Understanding of an Ancient Emotion*, Oxford University Press, 2019, pp. 154, 157~159. 이 논의에서도 나는 『오뒷세이아』의 동일 부분을 발췌해 활용했다.

1   Friedrich Nietzsche, ‘Thus Spoke Zarathustra’, section 1, in *Ecce Homo*, trans. Walter Kaufmann, Vintage, 1967, p. 295. (한국어판: 프리드리히 니체, 『이 사람을 보라』, 박찬국 옮김, 아카넷, 2022)

2   Sigmund Freud, ‘Creative Writers and Day-Dreaming’ (1908), in *On Freud's Creative Writers and Day-Dreaming*, ed. Ethel S. Person, Peter Fonagy, and Servulo Augusto Figueira, Routledge, 2018, p. 4.

3   이 문단에 나오는 니체의 언급은 각각 다음 책을 출처로 한다. *Beyond Good and Evil*, section 94, p. 107; *Thus Spoke Zarathustra*, book I, section 1, p. 139.

4   Heraclitus, fragment XCIV (D.52); *The Art and Thought of Heraclitus*, trans. and ed. Charles H. Kahn, Cambridge University Press, 1979, pp. 227~229. 이 책 228쪽에 ‘aiōn’의 이런 의미들이 소개된다.

5   Armand D’Angour, ‘Plato and Play: Taking Education Seriously in Ancient Greece’, *American Journal of Play*, vol. 5, no. 3, 2013, pp. 293~307, at p. 296. 이 문단 전체가 댄주어에게 깊은 영향을 받았다.

6   Plato, Laws, book VII, at 803d~e, cited in Johan Huizinga, *Homo Ludens: A Study of the Play-Element in Culture*, Routledge, 2014, p. 19. (한국어판: 요한 하위징아, 『호모 루덴스』, 이종인 옮김, 연암서가, 2018)

7   Huizinga, *Homo Ludens*, pp. 5, x, 173 (고딕체는 저자가 표시한 것이다).

8   같은 책, 132쪽.

9   같은 책, 18쪽.

10   Steven Johnson, *Wonderland: How Play Made the Modern World*, Penguin, 2016, pp. 3-4. (한국어판: 스티브 존슨, 『원더랜드』, 홍지수 옮김, 프런티어, 2017)

11   Donald R. Hill, *Medieval Islamic Technology: from Philo to al-Jazari*, from Alexandria to Diya-ㅜ Bakr, Ashgate, 1998, pp. 231~232, 재인용 출처: Gunalan Nadarajan, ‘Islamic Automation: A Reading of Al-Jazari's The Book of Knowledge of Ingenious Mechanical Devices (1206)’, in *Media Art Histories*, ed. Oliver Grau, MIT Press, 2007, pp. 163~178, at p. 163.

12   Johnson, *Wonderland*, p. 5.

13   같은 책, 7쪽.

14   같은 책, 9~10쪽.

15   같은 책, 83쪽.

7   후회의 힘을 활용한다

1   Adam Phillips, *Missing Out: In Praise of the Unlived Life*, Penguin, 2012, pp. 117, xviii~xix.

2   같은 책, 140쪽.

3   Aristotle, *Nicomachean Ethics*, book VII, ch. 8, lines 1150b29~31. 재인용 출처: James Warren, *Regret: A Study in Ancient Moral Psychology*, Oxford University Press, 2022, p. 98.

4   Warren, *Regret*, p. 105, p. 99 citing Aristotle, *Eudemian Ethics*, book II, ch. 8, lines 1224b19~20 (trans. Brad Inwood and Raphael Woolf, Cambridge University Press, 2012): 여기서 아리스토텔레스는 "'자기 통제력(아크라테스)'이 부족한 사람은 통제되지 않은 행동으로 구미가 당기는 대상을 획득하는 것을 즐기면서도, 자신이 나쁜 행동을 하고 있다는 생각에서 오는 예기 고통을 느낀다"라고 말한다. 이 책에서 소개한 후회와 아크라시아의 관계에 대한 아리스토텔레스와 플라톤의 논의는 워런에게 큰 도움을 받았다.

5   Aristotle, *Nicomachean Ethics*, book VII, ch. 3 곳곳, 특히 1147a8~10과 1147b13~19. (한국어판: 아리스토텔레스, 『니코마코스 윤리학』, 천병희 옮김, 도서출판 숲, 2013)

6   같은 책, book VII, ch. 3, lines 1147a18~23.

7   Søren Kierkegaard, *Papers and Journals: A Selection*, trans. and ed. Alastair Hannay, Penguin, 1996, p. 63 (original Danish, n. 2).

8   같은 책, 1843, Papirer IV, A, 164, p. 161.

9   같은 책, 2 February 1839, Papirer II, A, 347, p. 101.

10   같은 책, 64쪽.

11   Clare Carlisle, *Philosopher of the Heart: The Restless Life of Søren Kierkegaard*, Penguin, 2019, p. 21. (한국어판: 클레어 칼라일, 『마음의 철학자』, 임규정 옮김, 사월의책, 2022)

12   같은 책, 21~22쪽.

13   같은 책, 24쪽.

14   같은 책.

15   *Kierkegaard's Journals and Notebooks*, p. 164, JJ, 115, 17 May 1843. 인용문의 출처는 다음과 같다. Carlisle, *Philosopher of the Heart*, p. 6.

16   Carlisle, *Philosopher of the Heart*, p. 6.

17   *Søren Kierkegaard's Journals and Papers*, pp. 213~214, Papirer III, A, 1, 4 July 1840, 재인용 출처: Carlisle, *Philosopher of the Heart*, p. 19. 키르케고르와 레기네에 대한 논의와 이 문단에서 내린 결론은 칼라일의 연구에 큰 도움을 받았다.

1   Evagrius, Praktikos 12, in *Evagrius of Pontus: The Greek Ascetic Corpus*, trans. with *introduction and commentary* by Robert E. Sinkewicz, Oxford University Press, 2003, p. 99. (한국어판: 에바그리우스 폰티쿠스, 『프락티코스』, 허성석 옮김, 분도출판사, 2011)

2   Thomas Aquinas, *Summa Theologiae*, vol. XXXV, 2a2e, 34~46; trans. Thomas Heath, Cambridge University Press, 2006, question 35, p. 23. 토마스 아퀴나스의 다른 인용문도 같은 책에서 발췌했다. (한국어판: 토마스 아퀴나스, 『참 사랑』, 안소근 옮김, 한국성토마스연구소, 2022)

3   St John of the Cross, *Dark Night of the Soul*, book I, ch. 9, section 3; trans. E. Allison Peers, Burns & Oates, 1976, p. 58.

4   여기에 실린 지루함에 대한 논의는 누구보다도 하이데거에게 큰 영향을 받았다. 그러나 이 내용이 지루함에 대한 하이데거의 철학을 비평하는 면에서는 물론이요 충실하게 해설한 글이라고 주장할 수는 없으리라.

5   Joseph Brodsky, 'In Praise of Boredom', in *On Grief and Reason*, Penguin, 1995, pp. 104~113, at p. 109.

6   같은 책 108쪽.

7   Fernando Pessoa, *The Book of Disquiet*, ed. Maria José Costa, trans. Margaret Jull Costa, Profile Books, 2017, p. 375. Entry for 19 September 1933. (한국어판: 페르난두 페소아, 『불안의 책』, 오진영 옮김, 문학동네, 2015)

8   Gustave Flaubert, *Madame Bovary*, Part One, ch. 7; trans. Geoffrey Wall, Penguin, 1992, p. 34. (한국어판: 귀스타브 플로베르, 『마담 보바리』, 김남주 옮김, 문학동네, 2021)

9   Søren Kierkegaard, 'Crop Rotation', in *Either/Or: A Fragment of Life*, trans. Alastair Hannay, Penguin, 2004, p. 228.

10   같은 책.

11   Jean-Jacques Rousseau, 'Fifth Walk', in *Reveries of a Solitary Walker*, trans. Peter France, Penguin, 1979, pp. 88~89. (한국어판: 장자크 루소, 『고독한 산책자의 몽상』, 문경자 옮김, 문학동네, 2016)

12   Friedrich Nietzsche, *Human, All Too Human: A Book for Free Spirits*, section 200; trans. R. J. Hollingdale, Cambridge University Press, 1986, p. 359. (한국어판: 프리드리히 니체, 『인간적인 너무나 인간적인』, 김미기 옮김, 책세상, 2001)

13   Friedrich Nietzsche, *The Antichrist*, section 48; Portable Nietzsche, trans. and ed. Kaufmann, p. 628. (한국어판: 프리드리히 니체, 『안티크리스트』, 박찬국 옮김, 아카넷, 2013)

14 David Foster Wallace, *The Pale King*, Penguin, p. 548. 월러스가 자살한 뒤 그의 사무실 풍경에 대한 이 묘사는 위 책을 편집한 마이클 피치가 쓴 편집자의 글에 나온 것이다.

9 완전한 충족이라는 신기루에 저항한다

1 Leo Tolstoy, 'A Confession', in *Leo Tolstoy: A Confession and Other Religious Writings*, trans. Jane Kentish, Penguin, 1987, pp. 34~35. (한국어판: 니콜라예비치 톨스토이, 『톨스토이 고백록』, 박문재 옮김, 현대지성, 2018) 내가 톨스토이의 이 작품을 기억해내고 이 장에 인용된 여러 글귀를 찾아낸 것은 다음 책 덕분이다. Kieran Setiya, *Midlife: A Philosophical Guide*, Princeton University Press, 2017, p. 38. (한국어판: 키어런 세티야, 『어떡하죠, 마흔입니다』, 김광수 옮김, 와이즈베리, 2018)

2 Tolstoy, 'Confession', p. 31; A. N. Wilson, *Tolstoy*, Atlantic Books, 2015, p. 489. (한국어판: 앤드류 노먼 윌슨, 『톨스토이』, 이상룡 옮김, 책세상, 2010)

3 Tolstoy, 'Confession', p. 30.

4 같은 책, 29쪽.

5 *Leo Tolstoy: A Confession and Other Religious Writings*, p. 7에 실린 역자 제인 켄티시의 서문 중.

6 Arthur Schopenhauer, *The World as Will and Representation*, vol. I, trans. E. F. J. Payne, Dover Publications, 1966, p. 312. (한국어판: 아르투어 쇼펜하우어, 『의지와 표상으로서의 세계』, 홍성광 옮김, 을유문화사, 2019)

7 같은 책, vol. I, 196쪽.

8 Sigmund Freud, 'Some Character-types Met within Psycho-analytic Work' (1916), cited in Adam Phillips, *On Giving Up*, Penguin, 2024, p. 59.

9 같은 책, 60쪽. 성공의 두려움에 대한 논의는 필립스의 글에 도움을 받았다.

10 Stendhal, *Rome, Naples and Florence*, trans. Richard N. Coe, Calder Publications, 2010, p. 302. (한국어판: 스탕달, 『로마, 나폴리, 피렌체』, 이경래 옮김, 지식을만드는지식, 2023)

11 G. Magherini, *La Sindrome di Stendhal*, Ponte Alle Grazie, 1989, cited in Iain Bamforth, 'Stendhal's Syndrome', *British Journal of General Practice*, vol. 60, no. 581, 2010, pp. 945~946.

12 Rainer Maria Rilke, *Duino Elegies*, trans. and ed. Stephen Mitchell, Vintage, 2009, I, pp. 2~3. (한국어판: 라이너 마리아 릴케, 『두이노의 비가』, 손재준 옮김, 열린책들, 2014)

13 출애굽기 33장 18~23절.

14   Setiya, *Midlife*, ch. 2.

15   John Stuart Mill, *Autobiography*, Penguin, 1989, p. 112. (한국어판: 존 스튜어트 밀, 『존 스튜어트 밀 자서전』, 박홍규 옮김, 문예출판사, 2019) 밀에 대한 이 부분은 위에서 언급한 세티야의 저서에 있는 밀에 대한 논의에 큰 영향을 받았다.

16   Mill, *Autobiography*, p. 111.

17   Goethe, *Faust*, Part II, act III, lines 9381~9382, (한국어판: 요한 볼프강 폰 괴테, 『파우스트』, 이인웅 옮김, 문학동네, 2009) 재인용 출처: Pierre Hadot, *Philosophy as a Way of Life*, ed. Arnold I. Davidson, Blackwell Publishing, 1995, p. 222. 이 책에서 괴테에 대해 논한 부분과 『파우스트』에 대한 언급은 아도의 글에 큰 영향을 받았다.

18   Goethe, *Faust*, Part II, act I, lines 6487~6500; Hadot, *Philosophy as a Way of Life*, p. 217.

19   Seneca, *Letters to Lucilius*, letter 15, section 9; Hadot, Philosophy as a Way of Life, p. 223. (한국어판: 루키우스 안나이우스 세네카, 『세네카 삶의 지혜를 위한 편지』, 김천운 옮김, 동서문화동판, 2016) 스토아학파에 대한 나의 논평은 아도의 논의에 도움을 받았다.

20   Hadot, *Philosophy as a Way of Life*, p. 220.

21   같은 책, 221쪽.

22   Goethe, *Goethes Gespräche*, vol. I, 232 (interview with FriederikeBrun, Karlsbad, 9 July 1795), 재인용 출처: Pierre Hadot, *Don't Forget to Live: Goethe and the Tradition of Spiritual Exercises*, Universityof Chicago Press, 2023, p. 1.

23   D. T. Suzuki, *Essays in Zen Buddhism*, Souvenir Press, 2011, pp. 25, 27. 서양 사람들의 취향과 개념에 종교 경험을 맞추었다는 비판이 종종 따르기는 하지만, 선종에 대한 스즈키의 해석은 영향력이 크다.

24   이 문단에서 인용한 아르투어 쇼펜하우어의 말은 다음 책에서 발췌했다. *The World as Will and Representation*, vol. I,pp. 391~392, cf. p. 412 (my italics). 이 문단은 다음 책의 영향을 받았다. Christopher Janaway, *Schopenhauer*, Oxford University Press, 1994, p. 115.

25   Goethe, *Faust*, Part II, act I, line 4685; Hadot, *Philosophy as a Way of Life*, p. 217.

26   Goethe, *Faust*, Part II, act V, lines 11580－6; Hadot, Philosophy as a Way of Life, p. 124.

1   Mihaly Csikszentmihalyi, *Flow: The Psychology of Optimal Experience*, Harper & Row, 2008. (한국어판: 미하이 칙센트미하이, 『몰입 Flow』, 최인수 옮김, 한울림, 2004)

2   Vincent van Gogh, 재인용 출처: Alasdair MacIntyre, *Edith Stein*, Continuum, 2007, p. 20.

3   William James, *The Principles of Psychology*, Perlego, 2018, ch. 11, p.404. (한국어판: 윌리엄 제임스, 『심리학의 원리』, 정양은 옮김, 아카넷, 2005)

4   Seneca, *Letters to Lucilius*, letter 78, section 14; Hadot, *Don't Forget to Live*, p. 22.

5   Hadot, *Don't Forget to Live*, p. 22.

6   Seneca, *Letters to Lucilius*, 101.10; Hadot, *Don't Forget to Live*, p. 23.

7   Jay L. Garfield, *Buddhist Ethics: A Philosophical Exploration*, Oxford University Press, 2022, pp. 5, 71.

8   이 문단의 내용, 그중에서도 사성제에 대한 요약은 가필드의 글에 도움을 받았다. 특히 위의 책 4~11쪽과 71~89쪽을 참조했다.

9   이 문단의 모든 인용문 출처는 다음과 같다. 같은 책, 11~12쪽. 나의 논평은 가필드의 글 덕에 나온 것이다.

10   Buddhaghosa, *The Path of Purification*(c. 450 ce), 재인용 출처: Jonardon Ganeri, *Attention, Not Self*, Oxford University Press, 2017, p. ix.

11   Ganeri, *Attention, Not Self*, p. 66.

12   Dhammapāla, Pm. 487; Ganeri, *Attention, Not Self*, p. 233. 담마팔라가 논평한 붓다고사의 생각은 가네리가 한 연구의 핵심이며, 따라서 여기 실린 내 논평의 핵심이기도 하다.

13   Ganeri, *Attention, Not Self*, p. 68.

14   예를 들어 제목에서도 알 수 있듯이 다음 책은 바로 이러한 취지를 담고 있다. Johann Hari, *Stolen Focus: Why You Can't Pay Attention*, Bloomsbury, 2022. (한국어판: 요한 하리, 『도둑맞은 집중력』, 김하현 옮김, 어크로스, 2023)

15   D. Getahun et al., 'Recent Trends in Childhood Attention-Deficit/Hyperactivity Disorder', *Journal of the American Medical Association* (Pediatrics), vol. 167, no. 3 (2013), pp. 282~288.

16   Augustine, *Confessions*, book X, ch. 34 (56); trans. Chadwick, p. 212.

17   Augustine, *Confessions*, book XI, ch. 27 (36), book XI, ch. 18 (23); trans. Chadwick, p. 233.

18   Augustine, *Confessions*, book X, ch. 35 (57); trans. Chadwick, p. 213.

19   이 주장을 뒷받침하는 흥미로운 연구가 다음 책에 요약되어 있다. Hari, *Stolen*

Focus, pp. 27~30, 272~275.

20   글로리아 마크 교수의 연구는 다음에 인용되어 있다. 같은 책, 8쪽.

21   마이클 포즈너 교수의 연구는 다음에 인용되어 있다. 같은 책, 10쪽.

22   Gloria Mark, *Attention Span: Finding Focus for a Fulfilling Life*, HarperCollins, 2023, pp. 18, 95. (한국어판: 글로리아 마크, 『집중의 재발견』, 이윤정 옮김, 위즈덤하우스, 2024)

23   The Policy Institute, 'Do We Have Your Attention? How People Focus and Live in the Modern Information Environment', February 2022, https://www.kcl.ac.uk/policy-institute/assets/how-people-focus-and-live-in-the-modern-information-environment.pdf (고딕체는 저자가 표시한 것이다).

24   Chris Bailey, 'Four Strategies for Overcoming Distraction', Harvard Business Review, 30 August 2018.

결론 미루기는 어떻게 축복이 되는가

1   습관화에 대한 훌륭한 설명이 다음 책에 담겨 있다. Tali Sharot and Cass R. Sunstein, *Look Again: The Power of Noticing What Was Always There*, Little, Brown, 2024. (한국어판: 캐스 선스타인, 탈리 샤롯, 『룩 어게인: 변화를 만드는 힘』, 이경식 옮김, 한국경제신문, 2024)

2   Marcel Proust, The Captive/The Fugitive, In *Search of Lost Time*, trans. C. K. Scott Moncrieff and Terence Kilmartin, rev. D. J. Enright, Vintage, 1996, vol. V, p. 621. (한국어판: 마르셀 프루스트, 『잃어버린 시간을 찾아서』, 김희영 옮김, 민음사, 2012) 이 인용문은 다음 책에서 재인용했다. Clare Carlisle, *On Habit*, Routledge, 2014, p. 2.

3   T. S. Eliot, 'East Coker', part IV, in *Four Quartets*, pp. 20~21.

4   E. M. Foster, *A Passage to India*, Penguin, 2021, p. 199. (한국어판: E. M. 포스터, 『인도로 가는 길』, 민승남 옮김, 열린책들, 2006)

5   Phillips, *Missing Out*, pp. xix~xx. 이 책은 이 문단과 다음 문단의 모든 인용문의 출처이다.

6   Nietzsche, 'Why I Am So Clever', in *Ecce Homo*, trans. Kaufmann, section 9. 니체는 '조직하는 생각'이 (1) '욕구'에 대한 지배, (2) '개인적 섭리', (3) '단일한 취향'의 면에서 한 사람의 인생 전체를 형성한다는 생각을 밝힌 바 있다. 이 인용문들의 출처는 각각 다음과 같다. *Beyond Good and Evil*, section 6; *The Gay Science*, section 277; *The Gay Science*, section 290.

7   Plato, *Sophist*, 263e3~263e5; trans. Nicholas P. White, Hackett, 1993. (한국어판: 플라톤, 「소피스트」, 『플라톤전집 3』, 천병희 옮김, 도서출판 숲, 2019)

8   전도서 3장 1~7절.

9   T. S. Eliot, 'East Coker', part I, *Four Quartets*, p. 15.

우리는 왜 할일을 미루는 걸까
'미루는 나'를 위한 새로운 솔루션

초판 인쇄 2026년 3월 31일 | 초판 발행 2026년 4월 16일

지은이 사이먼 메이 | 옮긴이 박다솜
책임편집 이경록 | 편집 박신양 임혜지
디자인 김이정 최미영 | 저작권 박지영 형소진 주은수 오서영 조경은
마케팅 정민호 서지화 박치우 한민아 왕지경 이민경 정유진 정경주 김혜원 김예진 이서진
브랜딩 함유지 이송이 박민재 김하연 신은서 이준희
미디어콘텐츠 함근아 김은솔 박다솔
제작 강신은 김동욱 이순호 | 제작처 상지사

펴낸곳 (주)문학동네 | 펴낸이 김소영
출판등록 1993년 10월 22일 제2003-000045호
주소 10881 경기도 파주시 회동길 210
전자우편 editor@munhak.com | 대표전화 031)955-8888 | 팩스 031)955-8855
문학동네카페 http://cafe.naver.com/mhdn
인스타그램 @munhakdongne | 트위터 @munhakdongne
북클럽문학동네 http://bookclubmunhak.com

ISBN 979-11-416-1522-2 03120

www.munhak.com